贸大法学学术文库

国际商事仲裁法教程

Study on International Commercial Arbitration

薛源 著

法律出版社
LAW PRESS·CHINA
北京

图书在版编目(CIP)数据

国际商事仲裁法教程 / 薛源著. -- 北京 : 法律出版社, 2023

ISBN 978 -7 -5197 -8209 -2

Ⅰ. ①国… Ⅱ. ①薛… Ⅲ. ①国际商事仲裁-教材 Ⅳ. ①D997.4

中国国家版本馆 CIP 数据核字(2023)第 157143 号

国际商事仲裁法教程
GUOJI SHANGSHI ZHONGCAIFA JIAOCHENG

薛 源 著

策划编辑 陈 妮
责任编辑 陈 妮
装帧设计 臧晓飞

出版发行 法律出版社
编辑统筹 法治与经济出版分社
责任校对 张翼羽
责任印制 吕亚莉
经　　销 新华书店

开本 710 毫米×1000 毫米 1/16
印张 10.75　　字数 160 千
版本 2023 年 9 月第 1 版
印次 2023 年 9 月第 1 次印刷
印刷 固安华明印业有限公司

地址:北京市丰台区莲花池西里 7 号(100073)
网址:www.lawpress.com.cn
投稿邮箱:info@lawpress.com.cn
举报盗版邮箱:jbwq@lawpress.com.cn

销售电话:010-83938349
客服电话:010-83938350
咨询电话:010-63939796

书号:ISBN 978-7-5197-8209-2
定价:68.00 元

凡购买本社图书,如有印装错误,我社负责退换。电话:010-83938349

编写说明

国际商事争议解决是国际经贸往来顺利进行的保障,完善的国际商事争议解决体系也是一国良好营商环境的重要指标。国际商事仲裁作为国际商事争议解决的主要方式,对其学习和研究的必要性日渐凸显。国际商事仲裁法也是我国涉外法治人才培养的重要内容。

本书分为十章。第一章介绍了国际商事仲裁的概念和特点。第二章涉及国际商事仲裁法的法律渊源和主要国际商事仲裁机构,国际商事仲裁法的法律渊源包括国际法和国内法,国际商事仲裁规则与指南不属于正式的法律渊源,但是在国际商事仲裁程序的推进中发挥了重要作用,国际商事仲裁发展至今,机构仲裁扮演了重要角色,因此也介绍了主要国际商事仲裁机构。第三章讨论了国际商事仲裁协议的主要内容和法律效力,包括国际商事仲裁协议的定义和主要内容、法律适用、法律效力、有效性认定。第四章讨论了国际商事仲裁协议的独立性和当事人。第五章介绍了仲裁地与仲裁庭的自裁管辖权。第六章介绍了国际商事仲裁程序的启动和仲裁庭的组成。第七章介绍了仲裁程序的主要步骤、网络仲裁方式、临时措施、追加当事人与合并仲裁,以及仲裁程序和仲裁实体问题的法律适用。第八章讨论了国际商事仲裁裁决的撤销。第九章介绍国际商事仲裁裁决的承认与执行。第十章介绍我国内地与香港特别行政区、澳门特别行政区及海峡两岸仲裁裁决的相互认可和执行。

本书注重理论和实践相结合,注重案例讨论,体系较完备,并关注国内外研究的最新成果和实践。

本书可作为高等学校法学专业本科生和研究生的教科书,也可供其他相关专业读者参考。

目录

第一章　国际商事仲裁的概念和特点

第一节　国际商事仲裁的概念

国际商事仲裁是解决国际商事争议的方式之一。解决国际商事争议的方式包括国际商事谈判,国际商事调解、国际商事仲裁、国际民商事诉讼等。

在第三方介入的国际商事争议解决方式中,如国际商事调解、国际商事仲裁、国际民商事诉讼,联合国国际贸易法委员会《承认及执行外国仲裁裁决公约》(以下简称《纽约公约》)在全球范围的巨大影响,以及联合国国际贸易法委员会《国际商事仲裁示范法》(以下简称《示范法》)的广泛采纳,使国际商事仲裁成为解决国际商事争议的主要方式。[1] 就国际商事仲裁的概念,可从以下三个方面进行理解。

---

〔1〕《纽约公约》缔约方达到 172 个。《示范法》被 87 个国家采纳,涉及 120 个法域。

一、仲裁的概念

仲裁是经争议各方合意,将争议提交给中立第三方审理,该第三方作出对争议各方均有约束力决定的争议解决方法。仲裁的核心要素包括:(1)争议各方将争议提交给中立第三方审理的合意。仲裁是以当事人合意为基础的争议解决方式,中立第三方即仲裁员审理争议的权力,源于当事人将争议提交仲裁的协议。(2)争议各方可以选择审理争议的中立第三方。这也是仲裁的突出特点,当事人可以根据争议的具体情况选择合适的、具有相关行业背景和专业知识的仲裁员。(3)采用中立第三方作出裁决的审理程序。中立第三方给予争议各方陈述案情的机会,在争议各方陈述事实和理由、提供证据的基础上对争议作出裁决。(4)中立第三方作出的终局决定,对争议各方具有约束力。中立第三方作出的最终决定即裁决通常不能向法院上诉,且具有和法院判决相同的强制执行力,当事人如不能自动履行裁决,相对方可向法院申请强制执行。

仲裁与诉讼的区别主要在于,诉讼不以争议各方的合意为基础,争议各方无须协议即可向法院提起诉讼。在诉讼中,通常由法院分配审理争议的法官,当事人不能选择法官。仲裁与调解的区别主要在于,调解是由第三方引导争议各方协商,提出建议,旨在促成争议各方达成和解协议。在调解中不会产生第三方作出的对争议各方有约束力的决定。

二、"国际"的界定

很多国家都区分国内和国际商事仲裁。根据这些国家的法律,国内仲裁和国际仲裁往往适用不同的仲裁司法审查规则,这样一方面可以为本国在国际仲裁市场获得竞争优势,尽量使适用于国际仲裁的规则与国际接轨；另一方面可以保留对国内仲裁的控制权。

各国判定国际仲裁的标准有主体、客体、法律事实、仲裁地等。《示范法》对国际仲裁的判定标准规定得十分宽泛，既包括客观标准，也包括主观标准：(1)仲裁协议的各方当事人在缔结协议时，其营业地点位于不同的国家。(2)下列地点之一位于各方当事人营业地点所在国以外：仲裁协议中确定的或根据仲裁协议而确定的仲裁地点；履行商事关系的大部分义务的任何地点或与争议事项关系最密切的地点。(3)各方当事人明确同意仲裁协议的标的与一个以上的国家有关。其中(1)和(2)为客观标准，(3)为主观标准，即当事人可自行认定仲裁具有国际性。新加坡《国际仲裁法》进一步规定，国内仲裁的当事人也可通过书面约定选择适用《国际仲裁法》，即赋予当事人自行决定将争议通过国际仲裁解决的权利。

《中华人民共和国仲裁法》(以下简称《仲裁法》)也区分国内仲裁和涉外仲裁。《最高人民法院关于适用〈中华人民共和国涉外民事关系法律适用法〉若干问题的解释(一)》就涉外民事关系的判断标准从主体、客体、法律事实等方面作出规定：(1)当事人一方或双方是外国公民、外国法人或者其他组织、无国籍人；(2)当事人一方或双方的经常居所地在中华人民共和国领域外；(3)标的物在中华人民共和国领域外；(4)产生、变更或者消灭民事关系的法律事实发生在中华人民共和国领域外；(5)可以认定为涉外民事关系的其他情形。

在我国区分国内仲裁和涉外仲裁的意义还在于是否允许当事人将争议提交境外仲裁。国内仲裁案件约定提交境外仲裁的协议无效，涉外仲裁案件当事人可约定提交境外仲裁。最高人民法院《关于为自由贸易试验区建设提供司法保障的意见》，允许自贸试验区内注册的外商独资企业相互之间约定商事争议提交域外仲裁。其原因在于，自贸试验区内注册的外商独资企业虽然是中国法人，但注册地均在自贸试验区的区域内，且其性质均为外商独资企业，此类公司的资本来源、最终利益归属、公司的经营决策一般均与其境外投资者关联密切，故此类主体与普通内资公司相比具有较明显的涉外因素。在自贸试验区推进投资贸易便利的改革背景下，这一涉外因素更加明显，符合《最高人民法院关于适用〈中华人民共和国涉外民事关系法律适用法〉若干问题的解释（一）》涉外民事关系判定的第5项的规定：可以认定为涉外民事关系的其他情形。〔1〕 该意见还将允许境外仲裁的主体从双方均为自由贸易试验区内注册的外商独资企业，扩大到一方或双方为自由贸易试验区内注册的外商投资企业，外商投资企业包括三类企业：中外合资企业、中外合作企业和外商独资企业。

最高人民法院《关于为海南全面深化改革开放提供司法服务和保障的意见》（法发〔2018〕16号）进一步放宽了境外仲裁的标准，最高人民法院确认了自由贸易试验区或自由贸易港仲裁案件当事人约定境外仲裁协议的效力。所谓自由贸易试验区或自由贸易港仲裁案件，仿效涉外民事法律关系的推演逻辑，可以导出，自由贸易试验区或自由贸易港仲裁案件系主体、客体和法律事实或其他因素涉及自由贸易试验区或自由贸易港的案件。主体包括当事人一方或双方系自由贸易试验区或自由贸易港注册企业，客体即标的物在自由贸易试验区或自由贸易港内，法律事实即产生、变更或者消灭民事关系的法律事实发生在自由贸易试验区或自由贸易港内。由此可见，允许境外仲裁的案件从主体为自由贸易试验区注册涉及外商投资的企业，扩大到主体、客体和法律事实以及其他因素涉及自由贸易试验区或自由贸易港的案件。

---

〔1〕 西门子国际贸易（上海）有限公司诉上海黄金置地有限公司申请承认和执行外国仲裁裁决案，上海市第一中级人民法院民事裁定书，（2013）沪一中民认（外仲）字第2号。

三、"商事"的界定

一些国际公约和国内法将其对仲裁的支持限于商事仲裁。如《纽约公约》就允许缔约方在加入公约时作商事保留,即缔约方可宣布仅对按照该国法律属于契约性和非契约性商事法律关系所引起的争议适用该公约。因此对"商事"的界定就具有重要意义。

《示范法》对商事的界定非常宽泛,包括契约性或非契约性的一切商事性质的关系所引起的事项,商事性质的关系包括但不限于:供应或交换;货物或服务的任何贸易交易;销售协议;商事代表或代理;保理;租赁,建造工厂;咨询;工程;使用许可;投资;筹资;银行;保险;开发协议或特许;合营和其他形式的工业或商业合作;空中、海上、铁路或公路的客货载运。

我国在加入《纽约公约》时作出了商事保留。最高人民法院在关于执行我国加入的《承认及执行外国仲裁裁决公约》的通知中对"商事"作出了界定,契约性和非契约性商事法律关系指由于合同、侵权或者根据有关法律规定而产生的经济上的权利义务关系,例如货物买卖、财产租赁、工程承包、加工承揽、技术转让、合资经营、合作经营、勘探开发自然资源、保险、信贷、劳务、代理、咨询服务和海上、民用航空、铁路、公路的客货运输以及产品责任、环境污染、海上事故和所有权争议等,但不包括外国投资者与东道国政府之间的争端。

案例

北京朝来新生体育休闲有限公司申请承认和执行外国仲裁裁决案[1]

北京朝来新生体育休闲有限公司(朝来新生公司)是在北京市工商行政管理局朝阳分局注册成立的有限责任公司(自然人独资);北京所望之信投资咨询有限公司(所望之信公司)是在北京市工商行政管理局注册成立的有限责任公司(外国自然人独资),股东(发起人)安某柱,韩国公民。2007年7月20日,朝来新生公司(甲方)与所望之信公司(乙方)签订《合同书》约定,甲、乙双方合作经营甲方现有的位于北京市朝阳区的高尔夫球场。合同约定:如发生纠纷时,对于不能达成协议的部分可以向大韩商事仲裁院申请仲裁,仲裁结果对于甲乙双方具有同等的法律约束力。在经营过程中高尔夫球场土地租赁合同解除,土地被收回。因土地租赁合同解除,高尔夫球场获得补偿款1800万元,朝来新生公司与所望之信公司因土地补偿款的分配问题发生纠纷。为此,所望之信公司于2012年4月2日向大韩商事仲裁院提起仲裁,请求朝来新生公司支付所望之信公司土地补偿款248万元。朝来新生公司提起反请求,要求所望之信公司给付朝来新生公司土地补偿款1100万元及利息。大韩商事仲裁院依据双方约定的仲裁条款受理了所望之信公司的仲裁申请及朝来新生公司的反请求申

[1] 北京朝来新生体育休闲有限公司申请承认和执行外国仲裁裁决案,北京市第二中级人民法院民事裁定书,(2013)二中民特字第10670号。

请，将中华人民共和国法律作为准据法，于2013年5月29日作出仲裁裁决，裁决：(1)所望之信公司给付朝来新生公司人民币1000万元整及利息；(2)驳回所望之信公司及朝来新生公司其余之请求。裁决作出后，朝来新生公司于2013年6月17日向北京市第二中级人民法院提出申请，请求法院承认上述仲裁裁决。

北京市第二中级人民法院驳回朝来新生公司要求承认大韩商事仲裁院仲裁裁决的申请。法院认为，朝来新生公司与所望之信公司均为中国法人，双方签订的《合同书》，是双方为在中华人民共和国境内经营高尔夫球场设立的合同，转让的系中国法人的股权。双方之间的民事法律关系的设立、变更、终止的法律事实发生在我国境内、诉讼标的亦在我国境内，不具有涉外因素，故不属于我国法律规定的涉外案件。因此，《合同书》中关于如发生纠纷可以向大韩商事仲裁院申请仲裁的约定违反了《中华人民共和国民事诉讼法》（以下简称《民事诉讼法》）、《仲裁法》的相关规定，该仲裁条款无效。大韩商事仲裁院作出的仲裁裁决所适用的准据法为中华人民共和国的法律，依据中华人民共和国法律，《合同书》中的仲裁条款为无效条款，故大韩商事仲裁院受理本案所涉仲裁案件所依据的仲裁条款无效。根据《承认及执行外国仲裁裁决公约》第5条第1款甲项、第5条第2款乙项之规定，对该裁决不予承认。

要点解析

本案讨论的主要问题是仲裁协议项下的民商事纠纷是否具有涉外因素，如具有涉外因素，仲裁协议关于境外仲裁的约定就有效；反之，则无效。根据我国法律规定，就民商事关系是否具有涉外因素,从主体、客体、法律事实等方面进行判断。本案涉及的仲裁协议,从主体看,当事人朝来新生公司的登记地为北京市。所望之信公司系外商独资企业,登记地为北京市,均是中国法人。从客体看系中华人民共和国境内经营的高尔夫球场,转让的系中国法人的股份。双方之间的民事法律关系的设立、变更、终止的法律事实发生在我国境内。也即主体、客体,法律事实均不具有涉外因素。因此法院认为仲裁协议中关于境外仲裁的约定无效。

西门子国际贸易（上海）有限公司诉上海黄金置地有限公司申请承认和执行外国仲裁裁决案[1]

2005 年 9 月 23 日,黄金置地公司与西门子公司通过招标方式签订了一份货物供应合同,约定西门子公司应于 2006 年 2 月 15 日之前将设备运至工地,如发生争议须提交新加坡国际仲裁中心进行仲裁解决。双方在合同履行中发生争议。黄金置地公司在新加坡国际仲裁中心提起仲裁,要求解除合同、停止支付货款。西门子公司在仲裁程序中提出反请求,要求支付全部货款、利息并赔偿其他损失。2011 年 11 月,新加坡国际仲裁中心作出裁决,驳回黄金置地公司的仲裁请求,支持西门子公司的仲裁反请求。黄金置地公司支付了部分款项,尚欠仲裁裁决项下未付款及利息合计人民币 5, 133, 872. 3 元。西门子公司依据《纽约公约》,向上海市第一中级人民法院请求承认和执行新加坡国际仲裁中心作出

---

[1] 西门子国际贸易(上海)有限公司诉上海黄金置地有限公司申请承认和执行外国仲裁裁决案,上海市第一中级人民法院民事裁定书,(2013)沪一中民认(外仲)字第 2 号。

的仲裁裁决。黄金置地公司抗辩认为，应不予承认和执行该仲裁裁决，理由为：双方当事人均为中国法人，合同履行地也在国内，故案涉民事关系不具有涉外因素，双方约定将争议提交外国仲裁机构仲裁的协议无效，若承认和执行案涉裁决将有违中国的公共政策。

上海市第一中级人民法院经逐级报告至最高人民法院并获答复后，根据《纽约公约》的规定，裁定承认和执行涉案仲裁裁决。法院认为，关于仲裁条款约定本案争议提交外国仲裁机构仲裁是否有效的问题，关键在于认定系争合同关系是否具有涉外因素，就本案合同所涉的主体、履行特征等方面的实际情况，根据《最高人民法院关于适用〈中华人民共和国涉外民事关系法律适用法〉若干问题的解释(一)》第 1 条第 5 项的规定，可以认定系争合同关系为涉外民事法律关系，具体理由为：一是西门子公司与黄金置地公司虽然都是中国法人，但注册地均在上海自贸试验区区域内，且其性质均为外商独资企业，与其境外投资者关联密切。二是本案合同的履行特征具有涉外因素，案涉设备系先从中国境外运至自贸试验区内进行保税监管，再根据合同履行需要适时办理清关完税手续、从区内流转到区外，至此货物进口手续方才完成，故合同标的物的流转过程也具有一定的国际货物买卖特征。故案涉仲裁条款有效。且仲裁裁决内容亦没有与中国的公共政策抵触之处，因此承认与执行该仲裁裁决不违反中国的公共政策。

要点解析

本案讨论的主要问题也是仲裁协议项下的民商事纠纷是否具有涉外因素。与朝来新生案相似，本案涉及的仲裁协议当事人,西门子国际贸易(上海)有限公司和上海黄金置地有限公司为外商独资企业,均为中国法人,但其注册地在上海自贸试验区区域内,从贸易、投资便利化的角度,两公司的境外投资者就成为突出的涉外因素,属于《最高人民法院关于适用〈中华人民共和国涉外民事关系法律适用法〉若干问题的解释(一)》第1条第5项规定的:可以认定为涉外民事关系的其他情形。

本案体现了自贸试验区背景下涉外因素的扩张,即涉外因素从传统的主体、客体、法律事实,扩张到法人的投资人。

第二节　国际商事仲裁的特点、类型与性质

一、国际商事仲裁的特点

(一)对争议的集中管辖

国际商事纠纷的主体、客体、法律事实等与一个以上的法域存在联系,这样就有多个法域的法院对该纠纷具有管辖权。当事人选择国际商事仲裁这一争议解决方式,由仲裁庭集中审理纠纷,就排除了相关法院的管辖权,可以尽量减少平行诉讼,以及由此可能导致的多个相互矛盾的判决。对当事人而言,这有利于控制法律风险,节约成本。从相关法域法院的角度,也节省了司法资源。

(二)仲裁裁决跨境执行具有保障

《纽约公约》的缔约方达到172个,这就意味着在《纽约公约》缔约方作出的仲裁裁决在世界上主要国家和地区都能得到承认和执行。而国际民商事判决的跨境执行则缺乏这种全球性公约的保障。海牙国际私法会议

2005 年通过的《选择法院协议公约》于 2015 年 10 月 1 日生效。但该公约适用的判决范围较窄，仅适用于国际民商事案件当事人排他性选择法院协议所选择法院作出的判决，且缔约方数量较少，无法对国际民商事判决在全球范围内的跨境执行提供支持。[1] 海牙国际私法会议 2019 年 7 月第 22 届外交大会通过《承认与执行外国民商事判决公约》，该公约系全球性民商事判决承认与执行的国际文书，旨在实现民商事判决在全球范围内的跨境流动，但该公约尚未生效。在国际商事调解领域，《联合国关于调解所产生的国际和解协议公约》（以下简称《新加坡调解公约》）于 2020 年 9 月生效。该公约效仿《纽约公约》，旨在促进国际商事调解所产生的国际和解协议的跨界流动，目前有 9 个缔约方，假以时日如能有相当数量有影响力的缔约方，将会提升国际商事调解在国际商事争议解决中的地位。

（三）仲裁员的专业性

国际商事仲裁当事人可以选择对纠纷所涉行业及相关商事专业问题有丰富经验的仲裁员组成仲裁庭，这对于案件审理的质量和效率具有重要意义。而在诉讼中，审理国际商事纠纷的法官则不能选择。相较于具有行业背景或特定专业知识的仲裁员，法官可能缺乏对商事专业问题的经验，使法官难以迅速掌握案情，作出准确判断。

（四）仲裁裁决的终局性

在国际商事仲裁中，通常仲裁庭作出裁决后立即生效，而不像法院一审判决作出后，当事人还可以申请上诉。这也是仲裁首要价值为效率的体现。国内法院对国际商事仲裁裁决的司法审查主要包括仲裁地法院对撤销仲裁裁决的审查，以及执行地法院对承认和执行仲裁裁决的审查。采纳

---

[1] 《选择法院协议公约》现有缔约方 33 个。

《示范法》国家的法院对国际商事仲裁裁决的司法审查主要涉及程序性事项,以及公共政策,通常不涉及对仲裁庭事实认定和法律适用的审查。

(五)当事人高度意思自治

在国际商事仲裁中,当事人的高度意思自治体现在当事人可以选择仲裁员,约定仲裁地、选择仲裁实体争议的准据法,以及决定仲裁程序如何进行和选择仲裁程序的准据法。这就意味着当事人可以根据争议的具体情况,为争议“量身定制”最为合适的仲裁程序。有些国家的法律还允许当事人排除仲裁地法院对仲裁裁决的司法审查。

(六)私密性

司法程序一般以公开为原则,司法判决也对外公布。在国际商事仲裁中,程序通常不公开进行,仲裁裁决也不公布,这符合国际商事争议当事人私密性解决争议的要求,也有利于避免激化矛盾,友好理性地解决争议。

二、国际商事仲裁的类型

(一)临时仲裁和机构仲裁

1. 临时仲裁

临时仲裁是没有机构管理的仲裁。当事人达成将争议提交仲裁的协议,但未选定管理仲裁的机构。在临时仲裁中,由仲裁庭自行管理仲裁案件,没有机构的监督和协助,这就需要仲裁庭具有掌控仲裁案件的能力以及当事人的高度配合,否则临时仲裁将难以顺畅进行。临时仲裁的顺利推进还需要国内法提供支撑。如当事人就仲裁员的人选不能达成协议,又未约定仲裁员指定机构的,则需要国内法赋予法院代为指定仲裁员的权力。如当事人未在仲裁协议中对仲裁程序作出约定或未选择程序规则,又不能就仲裁程序达成协议的,就需要国内法有临时仲裁程序的规定作为程序推进的依据。

《联合国国际贸易法委员会仲裁规则》就是为临时仲裁设计的,该规则对以下事项作出规定:仲裁程序的启动;仲裁庭的组成,包括仲裁员的人数、指定、回避和替换等;仲裁程序,包括仲裁地、仲裁语言的确定,书面陈述,对仲裁庭管辖权的异议,临时措施、证据、庭审等;仲裁裁决。

《仲裁法》不承认临时仲裁,要求仲裁协议必须选定仲裁机构,否则仲裁协议无效。最高人民法院在《关于为自由贸易试验区建设提供司法保障的意见》中认定“三特定”仲裁协议有效,即在自贸试验区内注册的企业相互之间约定的在内地特定地点、按照特定仲裁规则、由特定人员对有关争议进行的仲裁。“三特定”仲裁即临时仲裁。随后一些自贸试验区推出了临时仲裁规则。

2. 机构仲裁

机构仲裁是由机构管理的仲裁,机构对仲裁的管理主要涉及仲裁庭的组成,如在当事人就仲裁员的人选不能达成协议时,机构作为仲裁员指定机构指定仲裁员,解决当事人对仲裁员的异议;确定仲裁员的报酬等。机构对仲裁案件的介入程度不同,有的仲裁机构主要发挥仲裁员指定机构的作用,并对仲裁案件提供一些事务管理服务,有的仲裁机构则会对仲裁庭的裁决进行核查。

从国际商事仲裁的发展历史来看,初期都是临时仲裁,机构仲裁是后续才发展起来的。临时仲裁现在仍占有重要地位。在特定领域中,如海事,临时仲裁还是主要的仲裁方式。

(二)依法仲裁和友好仲裁

依法仲裁是指仲裁庭按照法律审理案件并作出裁决。友好仲裁是当事人明确约定仲裁庭无须严格按照法律,可以依据诚实信用和公平交易原则作出裁决。《示范法》第 28 条第 3 项规定：仲裁庭只有在各方当事人明示授权的情况下，才应当依照公平善意原则或作为友好仲裁员作出决定。一些国家的仲裁法律明确允许当事人约定友好仲裁。如《法国民事诉讼法典》第 1512 条规定：经当事人授权，仲裁庭可作为友好的仲裁员进行裁决。

三、国际商事仲裁的性质

国际商事仲裁既具有契约性特征，也具有司法性特征。国际商事仲裁的契约性特征体现在当事人通过仲裁协议赋予仲裁庭对争议的管辖权，协议选择仲裁方式、仲裁员、仲裁程序和实体争议的准据法，其司法性特征体现在仲裁员独立、中立地审理案件并作出裁决，仲裁裁决具有强制执行力。各国对国际商事仲裁性质的认识也不尽相同，强调其契约性特征的国家倾向于尊重当事人的高度意思自治，强调其司法性的国家则倾向于限制当事人意思自治的范围。

第二章　国际商事仲裁法的法律渊源和主要国际商事仲裁机构

第一节　国际商事仲裁法的法律渊源

国际商事仲裁法的法律渊源包括国际公约和国内法。

一、国际公约

（一）《纽约公约》

《纽约公约》是国际商事仲裁的基石。该公约于1958年通过，1959年生效，迄今已有172个缔约方。该公约继承了1923年《日内瓦议定书》和1927年《日内瓦公约》。1923年《日内瓦议定书》旨在通过要求国内法院驳回违反仲裁协议向法院提起诉讼的申请，确保仲裁协议在国际范围内具有强制执行力，以及基于仲裁协议作出的仲裁裁决可在仲裁地得到强制执行。1927年《日内瓦公约》旨在将承认和执行仲裁裁决的范围扩大到任一缔约方，而不限于仲裁地。但当事人需证明仲裁裁决在仲裁地是最终的仲裁裁决。这就导致了“双重认可”,即当事人需先在仲裁地法院取得仲裁裁决可在仲裁地强制执行的认可,方可到执行地申请强制执行该仲裁裁决。《纽约公约》去除了这种“双重认可”,仲裁裁决当事人到其他国家申请强制执行仲裁裁决,无须在裁决地法院取得仲裁裁决可强制执行的认可。

《纽约公约》旨在确保国际商事仲裁协议和基于仲裁协议作出的国际商事仲裁裁决的强制执行力。公约规定了公约的适用范围,承认和执行的外国仲裁裁决包括仲裁地与执行地位于不同国家的仲裁裁决,以及在执行地不被视为内国裁决的仲裁裁决,仲裁裁决既包括临时仲裁裁决也包括机构仲裁裁决。公约要求缔约方确认仲裁协议的强制执行力,缔约方法院应基于仲裁协议一方当事人的请求,要求当事人将争议提交仲裁。公约还要求缔约方承认仲裁裁决的约束力并承担强制执行外国仲裁裁决的义务,规定了穷尽性的不予承认和执行外国仲裁裁决的理由,统一了执行地不予承认和执行外国仲裁裁决的标准。公约规定的不予承认和执行外国仲裁裁决的理由包括两类:第一类是需当事人提供证据证明的理由:(1)仲裁协议无效,即仲裁庭没有管辖权;(2)仲裁程序违反正当程序原则;(3)仲裁庭裁决超越权限;(4)仲裁庭组成或仲裁程序违反当事人约定或违法;(5)仲裁裁决未生效或被撤销。第二类是执行地法院应主动查明的理由:(1)仲裁裁决事项不具有可仲裁性。(2)承认和执行仲裁裁决违反公共政策。《纽约公约》规定了两项保留,互惠保留和商事保留。互惠保留即缔约方可声明仅对在另一缔约方领土上作出的仲裁裁决依据《纽约公约》予以承认和执行。商事保留即缔约方可声明仅对其法律认为是“商业性”的法律关系所引起的争议适用《纽约公约》。

我国于 1986 年加入《纽约公约》,该公约于 1987 年对我国生效,我国在加入该公约时作出了互惠保留和商事保留。最高人民法院发布《关于执行我国加入的〈承认及执行外国仲裁裁决公约〉的通知》，对互惠保留和商事保留，我国法院的管辖权，以及对承认及执行外国仲裁裁决申请的审查理由和程序作出了具体规定。就互惠保留，我国仅对在另一缔约方领土内作出的仲裁裁决的承认和执行适用该公约。就商事保留，我国仅对按照我国法律属于契约性和非契约性商事法律关系所引起的争议适用该公约。所谓“契约性和非契约性商事法律关系”，具体指的是由于合同、侵权或者根据有关法律规定而产生的经济上的权利义务关系，例如货物买卖、财产租赁、工程承包、加工承揽、技术转让、合资经营、合作经营、勘探开发自然资源、保险、信贷、劳务、代理、咨询服务和海上、民用航空、铁路、公路的客货运输以及产品责任、环境污染、海上事故和所有权争议等，但不包括外国投资者与东道国政府之间的争端。就我国法院的管辖权，当事人申请承认及执行外国仲裁裁决，由中级人民法院受理：被执行人为自然人的，为其户籍所在地或者居所地；被执行人为法人的，为其主要办事机构所在地；被执行人在我国无住所、居所或者主要办事机构，但有财产在我国境内的，为其财产所在地。对承认及执行外国仲裁裁决申请的审查理由和程序，我国有管辖权的人民法院接到一方当事人的申请后，应对申请承认及执行的仲裁裁决进行审查，如果认为不具有《纽约公约》第 5 条第 1、2 款所列的情形，应当裁定承认其效力，并且依照民事诉讼法规定的程序执行；如果认定具有第 5 条第 2 款所列的情形之一，或者根据被执行人提供的证据证明具有第 5 条第 1 款所列的情形之一，应当裁定驳回申请，拒绝承认及执行。申请我国法院承认及执行的仲裁裁决，仅限于《纽约公约》对我国生效后在另一缔约方领土内作出的仲裁裁决。该项申请应当在民事诉讼法规定的申请执行期限内提出。

(二)《欧洲国际商事仲裁公约》

《欧洲国际商事仲裁公约》(以下简称《欧洲公约》)于1961年签订,1964年生效,目前有30个缔约方。

《欧洲公约》对国际商事仲裁协议、仲裁程序的进行和仲裁裁决的撤销作出了规定。公约适用的国际商事仲裁协议为惯常居所地或设立地位于不同缔约方的自然人或法人订立的解决国际商事争议的仲裁协议。与《纽约公约》将撤销仲裁裁决申请交由仲裁地法院依据仲裁地法律规定的撤销仲裁裁决理由进行审查不同,《欧洲公约》对撤销仲裁裁决的理由规定了统一标准,撤销仲裁裁决的理由包括4项:(1)仲裁协议无效,即仲裁庭没有管辖权;(2)仲裁程序违反正当程序原则;(3)仲裁庭裁决超越权限;(4)仲裁庭组成或仲裁程序违反当事人约定或违法。《欧洲公约》还规定,如仲裁地和执行地同为《欧洲公约》和《纽约公约》的缔约方,则在仲裁地法院以前述4项理由撤销仲裁裁决的情况下,执行地法院方能不予承认和执行该仲裁裁决。

(三)《美洲国家国际商事仲裁公约》

《美洲国家国际商事仲裁公约》(以下简称《美洲公约》)于1975年签订,1976年生效,目前有19个缔约方。

《美洲公约》对仲裁协议、仲裁庭的组成、仲裁规则,仲裁裁决的承认和执行作出了规定。该公约规定,如当事人没有明确约定,仲裁应依照美洲国家商事仲裁委员会的程序规则进行。该公约规定的仲裁裁决不予承认和执行的理由与《纽约公约》相似。

二、国内法

很多国家都制定了仲裁法,为国际商事仲裁提供保障,并对其进行监督。

（一）《示范法》

《示范法》并不是生效的国内法律，它是联合国国际贸易法委员会制定的、意图被各国采纳的示范法，旨在促进各国国际商事仲裁法律制度的统一。《示范法》1985 年由联合国大会通过，2006 年修订。《示范法》被 85 个国家采纳，涉及 118 个法域。

《示范法》对国际仲裁进行了界定。对仲裁协议作了两种备选定义，主要区别在于：第一种定义延续了《纽约公约》的规定，要求仲裁协议采用书面形式，但对书面形式作了非常宽泛的界定；第二种定义则更进一步，不要求仲裁协议采用书面形式。此外，还明确了仲裁协议的独立性。就仲裁庭的组成，对仲裁员的人数、指定、回避和替代作出了规定，并赋予仲裁庭自裁管辖权。赋予仲裁庭发布临时措施的权限，对仲裁庭发布临时措施的条件、担保，以及法院承认和执行临时措施的义务作出规定。就仲裁程序，明确了正当程序原则，对仲裁程序、仲裁地、仲裁语言的确定，仲裁程序中提交的文件，开庭审理的原则，争议实体问题的适用法，裁决的形式和内容作出规定。就法院对仲裁的司法审查，主要在三个方面作出规定：其一是对仲裁庭就其自身管辖权裁定的审查，如仲裁庭将其自身管辖权作为一个初步问题作出肯定裁定，则当事人可请求仲裁地法院对该裁定进行审查；其二是仲裁地法院对撤销仲裁裁决申请的审查，撤销仲裁裁决的理由分为两类：一类是当事人需提供证据证明，另一类是法院需主动审查；其三是执行地法院对仲裁裁决的承认与执行，不予承认和执行仲裁裁决的理由与撤销仲裁裁决的理由类似，分为两类：一类是当事人需提供证据证明，另一类是法院需主动审查。

（二）法国

法国是著名的国际仲裁地。法国的国际商事法律制度规定在《法国民事诉讼法典》中，该法高度尊重仲裁当事人的意思自治，注重国际商事仲裁的国际性。

就仲裁协议的形式，与《纽约公约》要求仲裁协议采用书面形式不同，该法明确说明对仲裁协议的形式不作要求。就仲裁裁决的撤销，该法允许当事人通过特别协议明确放弃向法院提起撤销仲裁协议之诉。与瑞士、比利时等国不同，国际商事仲裁的当事人均可以放弃向法院提起撤销仲裁协议之诉，不限于非法国当事人。为了提高仲裁效率，避免当事人滥用仲裁司法审查作为拖延仲裁裁决执行的手段，该法规定仲裁裁决的执行不因撤销仲裁裁决之诉或对仲裁裁决执行令的上诉而暂停。

就外国仲裁裁决的承认和执行，法国认为《法国民事诉讼法典》中的规定相较《纽约公约》更有利于促进外国仲裁裁决的执行，因而根据《纽约公约》第 7 条当事人可利用执行地法律赋予其权利的规定，按照《法国民事诉讼法典》中规定的不予执行仲裁裁决的理由进行审查，而不是依据《纽约公约》进行审查。具体审查理由包括：仲裁庭错误地行使或拒绝行使管辖权，仲裁庭组成不合法，仲裁庭裁决与其授权不符，违反正当程序，承认和执行外国仲裁裁决违反国际公共政策。

（三）瑞士

瑞士也是知名的国际仲裁地。《瑞士国际私法法典》第十二章规定了国际商事仲裁法律制度。该法从主体对国际仲裁进行界定，即仲裁地在瑞士但至少一方当事人在达成仲裁协议时的惯常居所地或住所不在瑞士。

该法对仲裁协议，仲裁员、仲裁程序和仲裁裁决作出规定。就可仲裁事项，该法规定涉及经济利益的争议均可仲裁。就争议实体问题的适用法，该法规定在当事人没有约定的情况下，适用与案件具有最密切联系的法律，并允许当事人约定友好仲裁。该法体现了对当事人意思自治的高度尊重，允许国际仲裁的当事人选择适用国内仲裁法律，并允许当事人在一定条件下排除法院对撤销仲裁裁决申请的审查，即在瑞士没有住所、惯常居所地或未在瑞士设立的当事人可以明示协议排除法院对撤销仲裁裁决申请的审查，或将审查的理由限缩。

（四）英国

英国是最受欢迎的国际仲裁地之一。《英国仲裁法（1996 年）》适用于英格兰、威尔士和北爱尔兰。该法从主体和仲裁地方面对国际仲裁进行界定，即仲裁当事人，自然人非英国国籍或惯常居所地不在英国，法人未在英国设立或其管理中心地不在英国，或仲裁地不在英国。

该法对仲裁协议及其效力，仲裁程序，仲裁裁决及其效力，以及外国仲裁裁决的承认与执行作出规定。该法规定的撤销仲裁裁决的理由主要包括三项：一是仲裁庭不具有管辖权，二是存在影响仲裁庭、仲裁程序或仲裁裁决的严重违规，三是就仲裁裁决涉及的法律问题向法院上诉，但当事人可以通过协议排除这一上诉。这也是该法与其他仲裁友好型仲裁法律制度的一个显著不同，即对撤销仲裁裁决不限于程序性事项的审查，也包括法律适用这类实体性事项的审查。对国内仲裁与国际仲裁，该法仅在法院对仲裁协议的审查，以及排除法院管辖权方面对国内仲裁作出特别规定。

（五）美国

美国是重要的国际仲裁地。美国国际商事仲裁法律制度，主要的成文法是《美国联邦仲裁法》。

该法分为三个部分：第一部分是一般规定，包括仲裁协议的效力和执行，仲裁程序，仲裁裁决及其司法审查等。第二部分是《纽约公约》执行法。

第三部分是《美洲公约》执行法。在《美国联邦仲裁法》中列举的撤销仲裁裁决的理由之外,判例法还发展出一条撤销仲裁裁决的理由,即仲裁庭明显忽视法律。这一理由可能涉及对仲裁庭法律适用的实体审查。

(六)瑞典

瑞典也是知名的国际仲裁地。《瑞典仲裁法》于1999年4月生效,后该法进行了修订并于2019年3月生效。《瑞典仲裁法》对仲裁协议、仲裁员、仲裁程序、仲裁裁决及其有效性和撤销、仲裁费用、国际仲裁、外国仲裁裁决的承认与执行作出规定。

修订后的《瑞典仲裁法》的突出特点是进一步完善了仲裁庭自裁管辖权机制,规定在仲裁程序进行过程中,如有当事人反对,其他当事人不得请求法院审查仲裁庭的管辖权。改变了仲裁法未修订前,就仲裁庭管辖权可以在法院和仲裁庭提起并行程序的情况。

(七)中国

我国分为4个法域,包括我国内地(大陆)、香港特别行政区、澳门特别行政区和台湾地区。这4个法域的仲裁法律制度各不相同,这里介绍我国内地和香港特别行政区的仲裁法律。

我国内地仲裁法律制度主要由《仲裁法》《民事诉讼法》以及最高人民法院的司法解释和司法文件组成。国内仲裁和涉外仲裁采取两套不同的法律体系。《仲裁法》对仲裁适用的争议事项,仲裁机构的设立,仲裁员的资质要求,仲裁协议的内容、效力和有效性,仲裁程序包括仲裁的启动、仲裁庭的组成以及开庭和裁决,仲裁裁决的撤销与执行作出规定,并就涉外仲裁的司法审查作出了特别规定。《民事诉讼法》主要就法院对仲裁的支持和监督作出规定,包括对仲裁保全、仲裁裁决的执行,涉外仲裁的保全、执行,以及外国仲裁裁决的承认和执行。相较于《示范法》,《仲裁法》对仲裁的支持还是有一定差距,《仲裁法》修订已列入 2022 年人大立法规划。

《仲裁法》和《民事诉讼法》都规定得较粗略,最高人民法院相关司法解释和司法文件对法院仲裁司法审查的详细规定就很重要。司法解释和司法文件主要涉及以下内容:仲裁协议的法律适用,法院对仲裁司法审查案件的管辖权,包括仲裁协议效力确认、仲裁裁决撤销和仲裁裁决执行案件的具体程序、标准以及报核程序,我国内地与香港特别行政区、澳门特别行政区仲裁裁决的相互认可和执行,我国内地与香港特别行政区就仲裁程序相互协助保全,海峡两岸相互认可和执行仲裁裁决,我国依据《纽约公约》对外国仲裁裁决的承认与执行,自由贸易试验区和自由贸易港对境外仲裁的特别规定,国际商事法庭对纳入"一站式"国际商事纠纷多元化解决机制的国际商事仲裁机构审理的仲裁案件的特别支持。

我国香港特别行政区《仲裁条例》对当地和国际仲裁进行了统一规定。《仲裁条例》采纳《示范法》的规定,适用于仲裁地为香港特别行政区的仲裁案件。该条例赋予仲裁庭和法院发布临时措施的权限以支持仲裁,法院并有义务承认和执行临时措施。

第二节　主要国际商事仲裁机构

国际商事仲裁机构在国际商事仲裁中发挥了重要作用。国际商事仲裁机构在机构仲裁中提供协助仲裁庭组成和仲裁案件管理的服务,也可以为临时仲裁提供服务,如当作为仲裁员的指定机构时,其为临时仲裁庭审提供场地和设施。仲裁机构都有自己的仲裁规则,并定期修改,旨在顺畅推进仲裁程序,并不断提高仲裁程序的效率。

一、世界主要国际商事仲裁机构

世界主要国际商事仲裁机构介绍如下。

（一）国际商会仲裁院（International Commercial Chamber International Court of Arbitration）

国际商会仲裁院于1923年在法国巴黎设立，是最负盛名的国际商事仲裁机构，在中国香港、美国纽约、巴西圣保罗和新加坡都设有分支机构。国际商会仲裁院现有的争议解决规则，包括2021年版仲裁规则，2014年版调解规则等。仲裁案件当事人主要来自美欧国家。[1]

国际商会仲裁院近期在提高仲裁效率方面作出了很多努力，如对速裁程序规定了仲裁裁决的时限，以及针对拖延裁决，降低仲裁员报酬的措施。

（二）瑞典斯德哥尔摩商会仲裁院（Arbitration Institute of the Stockholm Chamber of Commerce）

瑞典斯德哥尔摩商会仲裁院于1917年设立。在20世纪70年代美国和苏联将该仲裁院作为解决东西方贸易纠纷的中立争议解决中心，中国也将该仲裁院作为解决国际争议的机构。斯德哥尔摩商会仲裁院自此逐渐发展成为世界知名的国际商事仲裁机构。[2]

（三）伦敦国际仲裁院（London Court of International Arbitration）

伦敦国际仲裁院是著名的国际商事仲裁机构，于1892年在伦敦设立。该仲裁院的最新仲裁规则为2020年版，案件类型涉及银行和金融、能源和

---

〔1〕 国际商会仲裁院2021年受理840件案件，涉及143个国家的当事人。当事人最多来自美国、巴西、西班牙、阿拉伯联合酋长国、墨西哥、法国、德国、中国、印度和意大利。

〔2〕 瑞典斯德哥尔摩商会仲裁院2021年受理165件案件，涉及42个国家的当事人。当事人最多来自瑞典、塔吉克斯坦、俄罗斯、意大利和美国。

资源、运输和货物领域。仲裁案件当事人主要来自西欧、亚洲、中东和独联体国家。

（四）美国仲裁协会（American Arbitration Association）

美国仲裁协会于1926年在纽约设立，其国际争议解决中心于1996年设立。国际争议解决中心在加拿大、新加坡都设有分支机构。近5年受理案件超5000件。现行国际商事仲裁规则为2021版。仲裁规则主要在提高仲裁效率和降低仲裁成本方面进行改进。

（五）新加坡国际仲裁中心（Singapore International Arbitration Center）

新加坡国际仲裁中心于1991年设立，是世界知名的国际商事仲裁机构。仲裁案件主要涉及领域包括贸易、商事、公司、海事和运输、建设工程等。

（六）中国国际经济贸易仲裁委员会（China International Economic and Trade Arbitration Commission）[1]

中国国际经济贸易仲裁委员会于1956年在北京设立，是知名的国际商事仲裁机构。主要案件类型包括建设工程、机电设备、货物买卖、股权投资转让、服务合同、自然资源和金融争议。

在中国商事仲裁机构中，中国国际经济贸易仲裁委员会是受理涉外案件数量最多、国际化程度最高的商事仲裁机构。[2] 案件当事人涉及近百个国家和地区，案件类型主要包括货物买卖、机电设备、服务合同、股权转

---

〔1〕《最高人民法院办公厅关于确定首批纳入"一站式"国际商事纠纷多元化解决机制的国际商事仲裁及调解机构的通知》（法办〔2018〕212号），将中国国际经济贸易仲裁委员会、上海国际经济贸易仲裁委员会、深圳国际仲裁院、北京仲裁委员会和中国海事仲裁委员会，作为首批纳入"一站式"国际商事纠纷多元化解决机制的仲裁机构。

〔2〕在英国伦敦玛丽女王大学和美国伟凯律师事务所共同发布的《2021年国际仲裁调查报告》中，中国国际经济贸易仲裁委员会被评为全球最受欢迎的五大仲裁机构第三位。

让等。

（七）香港国际仲裁中心（Hong Kong International Arbitration Centre）

香港国际仲裁中心于1985年设立，是世界知名的国际商事仲裁机构案件类型主要包括国际贸易/货物销售、公司、海事、银行和金融服务、建筑等。

（八）中国海事仲裁委员会（China Maritime Arbitration Commission）

中国海事仲裁委员会于1959年在北京设立，是解决国内外海事海商、交通物流以及其他契约性或非契约性争议的常设仲裁机构。中国海事仲裁委员会位于北京，设有上海总部，在天津、重庆、深圳、福州、舟山、海口、大连、青岛设有分会/仲裁中心，在香港特别行政区设有香港仲裁中心，在宁波、广州、南宁等国内主要港口城市设有办事处。为满足行业仲裁和多元化服务的需要，中国海事仲裁委员会下设航空争议仲裁中心、计量争议仲裁中心、建设工程争议仲裁中心、海事调解中心、航空争议调解中心、救助打捞争议调解中心、物流争议解决中心、渔业争议解决中心等业务中心。

（九）国际油、油籽和油脂协会

国际油、油籽和油脂协会（The Federation of Oils, Seeds and Fats Associations, FOSFA）是油、油籽和油脂国际贸易的行业协会，在英国伦敦设立，有来自89个国家的1150名会员。该协会制定了一系列标准贸易合同，全球85%的油脂贸易是在FOSFA合同下进行交易的。该协会提供仲裁服务，解决该行业的贸易纠纷。FOSFA标准合同包含仲裁条款，由该行业富有经验的人士担任仲裁员，属于典型的行业仲裁，排斥专业法律人士的过度参与。

FOSFA仲裁为两级仲裁，包括第一级仲裁和上诉级仲裁。仲裁员为行业人士，不允许从事律师业务的人士担任仲裁员。第一级仲裁的仲裁员由当事人选任,上诉仲裁庭的仲裁员由协会指定。第一级仲裁不允许从事律师业务的人士作为当事人的代理人。上诉级仲裁一般也不允许从事律师业务的人士作为当事人的代理人,但经当事人申请,上诉仲裁庭可允许从事律师业务的人士作为当事人的代理人。如当事人不自行履行仲裁裁决,协会将会通告会员,这可以有效地督促当事人自觉履行仲裁裁决。

(十)谷物和饲料贸易协会

谷物和饲料贸易协会(Grain and Feed Trade Association,GAFTA)在英国伦敦设立,是谷物和饲料国际贸易的行业协会,有来自 95 个国家的 1800 余名会员。该协会制定了若干仲裁规则,包括一般仲裁程序规则,速裁程序规则等。该协会也制定了一系列标准贸易合同,这些合同都并入了谷物和饲料贸易协会仲裁规则。

GAFTA 仲裁也是两级仲裁,包括第一级仲裁和上诉级仲裁。协会要求仲裁员至少有 10 年的行业经验。如第一级仲裁为独任仲裁员,则上诉仲裁庭将由三名仲裁员组成;如第一级仲裁庭由三名仲裁员组成,则上诉仲裁庭将由五名仲裁员组成。仲裁庭可应当事人的申请或自行决定开庭审理,否则就进行书面审理。在仲裁中,除非当事人明确同意,否则从事律师业务的人士不得作为当事人的代理人。与 FOSFA 相同,如当事人不自行履行仲裁裁决,协会将会通告会员,以此督促当事人自觉履行仲裁裁决。

二、我国知名的涉外商事仲裁机构

(一)北京仲裁委员会

北京仲裁委员会(Beijing Arbitration Commission,北京国际仲裁中心)设立于 1995 年 9 月,是国内国际化水平较高的仲裁机构。

北京仲裁委员会的现行仲裁规则为 2022 版,修订内容突出体现在赋予仲裁庭更大的决定权;明确开庭方式包括网上开庭,并规定仲裁庭有权根据案件情况确定开庭方式。明确电子送达方式的效力,规定仲裁机构或仲裁庭有权根据案件情况采取适当的送达方式。

(二)深圳国际仲裁院

深圳国际仲裁院(Shenzhen Court of International Arbitration,SCIA,曾名中国国际经济贸易仲裁委员会华南分会、中国国际经济贸易仲裁委员会深圳分会)于1983年设立。2017年12月深圳国际仲裁院与深圳仲裁委员会合并为深圳国际仲裁院。深圳国际仲裁院参与共建中非联合仲裁中心(China Africa Joint Arbitration Centre,CAJAC),并在美国洛杉矶设立了国际仲裁海外庭审中心北美庭审中心。

深圳国际仲裁院的仲裁规则富有特色,设计了选择性复裁程序。在仲裁地法律不禁止的前提下,仲裁当事人可约定就仲裁庭作出的裁决向该院提请复裁并由复裁庭作出终局裁决。

(三)上海国际经济贸易仲裁委员会

上海国际经济贸易仲裁委员会(又名上海国际仲裁中心,原名中国国际经济贸易仲裁委员会上海分会)于1988年设立。

2013年10月,上海国际经济贸易仲裁委员会设立了中国(上海)自由贸易试验区仲裁院,制定了《中国(上海)自由贸易试验区仲裁规则》;2014年8月,设立了航空仲裁平台——上海国际航空仲裁院;2015年10月,设立了金砖国家间争议解决平台——金砖国家争议解决上海中心;2015年11月设立中非间争议解决平台——中非联合仲裁上海中心。

第三节　国际商事仲裁规则与指南

国际商事仲裁规则与指南虽然不是正式的法律渊源，但如当事人在仲裁协议中选择了仲裁规则或纳入了相关指南，则对当事人产生约束力。仲裁机构和仲裁庭在推进仲裁程序时也可以将指南作为参考。

一、国际商事仲裁规则

当事人在国际商事仲裁协议中如选择仲裁规则，仲裁规则就基于当事人的合意对当事人产生约束。以下对联合国《国际贸易法委员会仲裁规则》、《国际商会仲裁院仲裁规则》和《中国国际经济贸易仲裁委员会仲裁规则》予以介绍。

（一）联合国《国际贸易法委员会仲裁规则》

联合国《国际贸易法委员会仲裁规则》于 1976 年由联合国大会通过，2010 年修改，2013 年纳入《贸易法委员会投资人与国家间基于条约仲裁透明度规则》。该规则意图适用于临时仲裁，也被用于国家之间的仲裁，以及投资者和东道国之间的仲裁。该规则被很多仲裁机构的仲裁规则所借鉴。

该仲裁规则规定了仲裁程序的启动，仲裁庭的组成，包括仲裁员的人数、指定、回避、替换和免责，仲裁地和仲裁语言的确定，仲裁申请书和答辩书的内容，进一步书面陈述的提交，仲裁庭发布临时措施的权限，仲裁案件的审理，仲裁裁决的形式和效力，仲裁员的收费和开支等。

（二）《国际商会仲裁院仲裁规则》

现行《国际商会仲裁院仲裁规则》为 2021 年版。该规则的主要内容为:仲裁程序的启动;合并仲裁;仲裁庭的组成,其中包括仲裁员的任命、回避和替换;仲裁程序的进行,其中包括仲裁地、仲裁语言、仲裁程序适用法和仲裁实体问题适用法、审理范围书、案件管理会议、开庭、临时措施、快速程序等;仲裁裁决,包括裁决期限,仲裁庭核阅裁决书等;费用,包括仲裁费预付、决定仲裁费。

该规则的主要特点是审理范围书和仲裁庭核阅裁决书。国际商会仲裁院对仲裁案件有较为深度的介入。从审理范围书来说,该规则要求仲裁庭会同当事人拟定一份文件界定其审理范围,该文件的内容包括:各方当事人的信息及送达地址,当事人的请求,需审理裁决事项清单,仲裁员信息,仲裁地,仲裁程序的详细说明。审理范围书由当事人和仲裁庭签署,如当事人拒绝参与拟定或签署审理范围书,则审理范围书应提交仲裁院批准。该规则赋予仲裁院核阅裁决书的权力,要求仲裁庭签署裁决书之前,将其草案提交仲裁院,仲裁院可以对裁决书的形式进行修改,提醒仲裁庭注意实体问题。

(三)《中国国际经济贸易仲裁委员会仲裁规则》

中国国际经济贸易仲裁委员会的现行仲裁规则为2015版。该规则总则部分规定了仲裁机构的设置和职责,受案范围,仲裁协议,对仲裁协议或管辖权异议的处理。仲裁程序部分规定了仲裁程序的启动、仲裁申请书的内容、答辩书的内容、反请求的提出、当事人的追加、合并仲裁、保全及临时措施、仲裁员的选任和仲裁庭的组成、案件审理、证据。裁决部分规定了作出裁决的期限、裁决书草案的核阅、费用承担。该规则还对简易程序、我国内地仲裁以及我国香港特别行政区仲裁作出了规定。

该规则对裁决作出期限进行了限定,并赋予仲裁机构核阅裁决书的权力,规定仲裁庭在签署裁决书之前将裁决书草案提交仲裁机构核阅,仲裁机构在不影响仲裁庭独立裁决的情况下,可以就裁决书的有关问题提请仲裁庭注意。

二、国际商事仲裁指南

一些国际机构,如国际律师协会、国际商事仲裁机构、英国特许仲裁员协会制定了国际商事仲裁方面的指南或操作指引,为仲裁程序的进行提供具体指导,当事人可以将其作为仲裁协议的一部分,仲裁机构和仲裁庭也可将其作为参考。

在取证方面,国际律师协会的《国际商事仲裁取证规则》(2020 年)就仲裁庭与当事人协商取证事宜,书证,证人,当事人指定的专家证人,仲裁庭指定的专家证人,勘验,开庭,证据的采纳作出规定。相较于 2010 版本,该规则在仲裁庭和当事人讨论证据相关问题清单中增加了网络安全和数据保护问题,明确提出可以远程庭审,并明确授权仲裁庭排除非法取得的证据。

在仲裁员行为标准方面,美国仲裁协会和美国律师协会《商事争议中仲裁员的道德准则》规定,仲裁员有义务确保仲裁程序的公正公平,披露可能影响中立的利益或关系,在与当事人沟通时避免不当言行,公平和勤勉地推进程序,公正、独立和审慎的裁决,忠于其职务的信任和保密关系等。国际律师协会的《国际商事仲裁利益冲突指南》(2014 年)将可能引发对仲裁员独立、公正合理怀疑的情形划分为红色名单、橙色名单和绿色名单。红色清单分为不可弃权的红色清单和可弃权的红色清单,前者是存在客观利益冲突的情形,这些情形不因当事人的同意而改变;后者是存在严重利益冲突的情形,仅在当事人知悉这些情形,明确表明同意该人担任仲裁员的情况下,方能对这些情形弃权。橙色清单是可能引发对仲裁员独立、公正合理怀疑的情形，仲裁员有义务披露这些情形，如当事人未及时提出异议，则视为接受该仲裁员。绿色清单是既不存在实际利益冲突也没有利益冲突外观的情形，仲裁员没有义务披露这些情形。

在组织仲裁程序方面，联合国国际贸易法委员会的《组织仲裁程序要点》规定了程序会议，仲裁语言和翻译事宜，仲裁地，对仲裁庭的行政管理支持，仲裁费用，保密协议，通信方式，临时措施，书面陈述、证人证言、专家证言和书证，争点和寻求的救济，勘验，庭审，合并仲裁，仲裁裁决的相关要求。

第三章　国际商事仲裁协议的主要内容和法律效力

第一节　国际商事仲裁协议的定义和主要内容

一、定义

仲裁协议是当事人将争议提交仲裁的协议。《示范法》对仲裁协议的界定是:当事人同意将他们之间一项确定的契约性或非契约性的法律关系中已经发生或可能发生的一切争议或某些争议交付仲裁的协议。《英国仲裁法(1996 年)》将仲裁协议界定为:将当前或将来争议(无论是否系契约性)提交仲裁的协议。

仲裁协议是国际商事仲裁的基础文件,仲裁庭的管辖权就是基于仲裁协议,源于当事人的授权。

二、主要内容

国际商事仲裁协议的主要内容包括:当事人将争议提交仲裁的合意,提交仲裁的争议事项,仲裁模式即机构仲裁或临时仲裁,选定的仲裁规则，仲裁员的选任方式、人数、资质要求等，仲裁地，仲裁语言，适用法律等。

国际商事仲裁协议的核心内容是当事人将争议提交仲裁的合意。仲裁协议必须表明当事人将争议提交仲裁，并将其作为争议的终局解决方式。仲裁协议中通常也会对提交仲裁的争议事项作出约定，往往采用较为宽泛的措辞，如“因本合同引起的或与本合同有关的任何争议”。仲裁协议如果选择机构仲裁模式，通常会对仲裁机构进行约定。如果选择临时仲裁模式，可能对仲裁规则、仲裁员资质、人数和选任方法，以及仲裁员指定机构作出约定。

当事人应在仲裁协议中对仲裁地进行约定。仲裁地是国际商事仲裁中重要的法律概念。仲裁地是仲裁法律关系的本座，决定了仲裁裁决的籍属，仲裁地的仲裁法律适用于仲裁程序，仲裁地法律有可能是仲裁协议、仲裁程序的准据法。仲裁地法院对仲裁予以司法支持和监督，享有对撤销仲裁裁决申请的管辖权，并承担协助仲裁庭组成等的义务。仲裁地通常由当事人约定，在当事人没有约定的情况下，一般由仲裁庭或仲裁机构确定。仲裁协议还可以约定仲裁协议的适用法律。

从国际商事仲裁机构的示范仲裁条款中就可以看出仲裁协议通常规定哪些内容，例如，国际商会仲裁院示范仲裁条款规定：“凡产生于本合同或与本合同相关的一切争议，均应按照国际商会仲裁规则，由依据该规则指定的一名或数名仲裁员终局解决。”中国国际经济贸易仲裁委员会示范仲裁条款规定：“凡因本合同引起的或与本合同有关的任何争议，均应提交中国国际经济贸易仲裁委员会，按照申请仲裁时该会现行有效的仲裁规则进行仲裁。仲裁裁决是终局的，对双方均有约束力。”香港国际仲裁中心示范仲裁条款的必备内容为：“凡因本合同所引起的或与之相关的任何争议、纠纷、分歧或索赔，包括合同的存在、效力、解释、履行、违反或终止，或因本合同引起的或与之相关的任何非合同性争议，均应提交由香港国际仲裁中心管理的仲裁，并按照提交仲裁通知时有效的《香港国际仲裁中心机构仲裁规则》最终解决。”任选内容为：“本仲裁条款适用的法律为……仲裁地应为……仲裁员人数为……名（一名或三名），仲裁程序应按照（选择语言）来进行。”香港国际仲裁中心提供的示范临时仲裁条款必备内容为：“凡因本合同所引起的或与之相关的任何争议、纠纷、分歧或索赔，包括合同的存在、效力、解释、履行、违反或终止，或因本合同引起的或与之相关的任何非合同性争议，均应提交按照提交仲裁通知时有效的《联合国国际贸易法委员会的仲裁规则》进行的仲裁最终解决。”任选内容为：“本仲裁条款适用的法律为……指定仲裁员的机构为……仲裁地应为……仲裁员人数为……名（一名或三名），仲裁程序应按照（选择语言）来进行。”

三、《仲裁法》要求仲裁协议的必备内容

《仲裁法》要求仲裁协议的必备内容为：请求仲裁的意思表示；仲裁事项；选定的仲裁机构。仲裁协议对仲裁事项或者仲裁机构没有约定或者约定不明确，仲裁协议无效。最高人民法院通过司法解释缓和《仲裁法》的严苛标准，尽量使仲裁协议有效，主要集中在仲裁机构约定不明确问题，规定：仲裁协议约定的仲裁机构名称不准确，但能够确定具体的仲裁机构，应当认定选定了仲裁机构；仲裁协议仅约定纠纷适用的仲裁规则的，视为未约定仲裁机构，但当事人达成补充协议或者按照约定的仲裁规则能够确定仲裁机构的除外；仲裁协议约定两个以上仲裁机构，当事人可以协议选择其中的一个仲裁机构申请仲裁；当事人不能就仲裁机构选择达成一致的，

仲裁协议无效;仲裁协议约定由某地的仲裁机构仲裁且该地仅有一个仲裁机构的,该仲裁机构视为约定的仲裁机构。该地有两个以上仲裁机构,当事人可以协议选择其中的一个仲裁机构申请仲裁;当事人不能就仲裁机构选择达成一致,仲裁协议无效。

第二节　仲裁协议的法律适用

关于仲裁协议的法律适用,通常都尊重当事人的意思自治,当事人可以协议选择仲裁协议的适用法律,在当事人没有协议选择的情况下,对仲裁协议准据法的确定则有不同观点。

一、仲裁协议准据法的确定

《纽约公约》就仲裁协议有效性的法律适用作出了规定。该公约第 5 条第 1 款甲项规定,就仲裁协议有效性的认定,如涉及当事人的缔约能力问题,适用当事人的属人法;其他问题则适用当事人选择的法律,如当事人未选择则适用仲裁地法律。

各国就仲裁协议的准据法有不同观点,仲裁协议的准据法包括:管辖确认仲裁协议有效性申请法院的法院地法,仲裁地法,基础合同的准据法,与仲裁协议有最密切联系的法律等。如《瑞士国际私法法典》规定,就仲裁协议的有效性,在当事人没有选择适用法律的情况下,适用争议实体问题的准据法,特别是基础合同的准据法或瑞士法。

就仲裁协议的适用法律,《涉外民事关系法律适用法》尊重当事人意思自治,规定当事人可以协议选择仲裁协议适用的法律,如当事人未作选择,适用仲裁机构所在地法律或者仲裁地法律。《最高人民法院关于适用〈中华人民共和国涉外民事关系法律适用法〉若干问题的解释(一)》进一步规定,如当事人未约定仲裁机构或者仲裁地,或者约定不明,法院可以适用我国法律认定该仲裁协议的效力。《最高人民法院关于审理仲裁司法审查案件若干问题的规定》进一步说明,仲裁协议未约定仲裁机构和仲裁地,但根据仲裁协议约定适用的仲裁规则可以确定仲裁机构或者仲裁地,应认定约定了仲裁机构或者仲裁地。为使仲裁协议尽量有效,规定如适用仲裁机构所在地法律与适用仲裁地法律将对仲裁协议的效力作出不同认定,法院应适用确认仲裁协议有效的法律。该规定还区别了《纽约公约》下仲裁协议的适用法律,规定法院适用《纽约公约》审查当事人申请承认和执行外国仲裁裁决案件时,应依照该公约第5条第1款甲项的规定,确定确认仲裁协议有效性应适用的法律。根据《纽约公约》,就仲裁协议有效性的认定,如涉及当事人的缔约能力问题,适用当事人的属人法;其他问题则适用当事人选择的法律,如当事人未选择则适用仲裁地法律。

二、仲裁协议准据法的适用范围

仲裁协议准据法的适用范围包括:当事人缔结仲裁协议的行为能力,仲裁协议的成立和存在,仲裁协议的形式和实质有效性,仲裁协议的法律效力,仲裁事项的可仲裁性,仲裁协议的解释,仲裁协议的解除和终止,以及仲裁协议的转让。

案例

中轻三联国际贸易有限公司申请确认仲裁协议效力案[1]

2015 年 3 月,中轻三联和塔塔公司签署了涉案《销售合同》,《销售合同》第 17 条的中文译文为:“凡因执行本合约或与本合约有关的一切争议应由合约双方友好协商解决。如果不能协商解决,应提交新加坡国际贸易仲裁委员会按照美国的仲裁规则进行仲裁,仲裁裁决的是终决的,对双方都有约束力。”2016 年 8 月,塔塔公司依据《销售合同》中的上述仲裁条款向新加坡国际仲裁中心提起仲裁。2016 年 9 月 22 日,新加坡国际仲裁中心正式受理由塔塔公司提起的仲裁申请。2016 年 9 月 28 日,新加坡国际仲裁中心向双方当事人发出确认受理通知。

2017 年 5 月 5 日,中轻三联向北京市第四中级人民法院提起确认仲裁协议效力申请。为查明新加坡的相关法律,塔塔公司向法院提交由北京译灵通翻译有限公司翻译的《塔塔国际金属(亚洲)有限公司与中轻三联国际贸易有限公司案关于新加坡法律项下仲裁协议效力问题的法律专家意见》,其中对涉及仲裁协议的效力有以下主要内容:“就新加坡法律项下如下问题出具意见:新加坡法院如何评估以及裁定仲裁协议的效力问题,尤其是在仲裁协议约定了一家不存在的仲裁机构的情形下。”“我理解双方就该

---

[1] 中轻三联国际贸易有限公司申请确认仲裁协议效力案,北京市第四中级人民法院民事裁定书,(2017)京 04 民特 27 号。

问题意见是一致的，即不存在一家叫作'Singapore International Economic and Trade Arbitration Commission'的机构。类似地，我本人也不知道存在这样一家仲裁机构""新加坡法院用以判断仲裁协议效力的一个关键检验标准可被有效地归纳为：案涉仲裁协议在恰当的解释下，是否含有当事人仲裁的明确意思表示。""换种方式而言，在新加坡法律下，只要当事人仲裁的意思表示在仲裁协议中是明确的，没有约定仲裁机构的临时仲裁协议也可以是有效并被支持的。在新加坡法下，只要当事人仲裁的意思表示在仲裁协议中是明确的，一个包含不存在的或模糊的仲裁机构的仲裁协议也可以是有效的且被支持的。"该意见中就新加坡上诉法院仲裁协议解释遵循原则进行表述，并列举了相关确认效力的案例。

法院认为，本案被申请人塔塔公司系在我国香港特别行政区注册成立的企业法人，依据《最高人民法院关于适用〈中华人民共和国民事诉讼法〉的解释》第549条的规定："人民法院审理涉及香港、澳门特别行政区和台湾地区的民事诉讼案件，可以参照适用涉外民事诉讼程序的特别规定。"故本案参照适用涉外民事诉讼程序的特别规定进行审查。本案是对涉外仲裁协议效力进行认定，对涉外仲裁协议效力的审查，应按照《涉外民事关系法律适用法》第18条规定"当事人可以协议选择仲裁协议适用的法律。当事人没有选择的，适用仲裁机构所在地法律或者仲裁地法律"，以及《最高人民法院关于适用〈中华人民共和国仲裁法〉若干问题的解释》第16条的规定，"对涉外仲裁协议的效力审查，适用当事人约定的法律；当事人没有约定适用的法律但约定了仲裁地的，适用仲裁地法律；没有约定适用的法律也没有约定仲裁地或者仲裁地约定不明的，适用法院地法律”，确定本案适用的准据法。本案中，当事人没有约定对涉外仲裁协议的效力审查所适用的法律，故应优先适用仲裁机构所在地法律或者仲裁地法律。案件涉及的《销售合同》第 17 条约定：“凡因执行本合约或与本合约有关的一切争议应由合约双方友好协商解决。如果不能协商解决，应提交新加坡国际贸易仲裁委员会按照美国的仲裁规则进行仲裁，仲裁裁决是终局的，对双方都有约束力。”当事人在上述合同中明确作出提交新加坡国际贸易仲裁委员会的意思表示，虽然在表述上新加坡国际贸易仲裁委员会并非新加坡任何一家仲裁机构的明确具体名称，因约定的名称错误导致无法对仲裁机构确切认定，但根据约定内容可以认定当事人有明确选择仲裁的意思表示，并且可以推定为当事人认可在新加坡法律框架内进行仲裁。依据《中华人民共和国涉外民事关系法律适用法》及相关司法解释的规定和当事人仲裁条款的约定内容，法院认为仲裁地应认定为新加坡，确定本案仲裁协议效力所应适用的准据法为新加坡法。根据查明的新加坡法律的规定，本仲裁协议可以认定有效。在仲裁协议有效的情况下，如何进行仲裁，如何理解和判断仲裁机构的选定，则不属于本案仲裁协议效力的司法审查范围。尽量使仲裁协议有效的原则，既体现在《纽约公约》中，也体现在最高人民法院颁布的司法解释中，而且在新颁布实施的司法解释中得以明确。《最高人民法院关于审理仲裁司法审查案件若干问题的规定》第 14 条规定：“人民法院根据《中华人民共和国涉外民事关系法律适用法》第 18 条的规定，确定确认涉外仲裁协议效力适用的法律时，当事人没有选择适用的法律，适用仲裁机构所在地的法律与适用仲裁地的法律将对仲裁协议的效力作出不同认定的，人民法院应当适用确认仲裁协议有效的法律。”上述规定在适用仲裁机构所在地法律与适用仲裁地法律对仲裁协议效力产生不同认定的情况下，选择适用使仲裁协议有效的法律作为准据法，就体现了法院在仲裁司法审查中支持仲裁协议有效的原则。从《纽约公约》的内容、国际商事仲裁的发展趋势到我国司法解释的规定分析，放宽对仲裁协议的效力要求，尽量使仲裁协议有效，不仅有利于尊重当事人选择仲裁作为解决争议方式的本意，也有利于促进和支持仲裁的发展，为国际商事仲裁营造良好的法治环境。根据法院在仲裁司法审查中持支持和鼓励仲裁的司法理念，以及在涉及国际商事仲裁中尽量确认仲裁协议有效的原则，并结合上述涉及仲裁协议效力法律适用问题的分析，认定涉案的仲裁协议有效。

要点解析

本案讨论的主要问题是仲裁协议的法律适用。判定涉外仲裁协议的有效性，首先要确定涉外仲裁协议的准据法，根据法院地的冲突法规则，即《涉外民事关系法律适用法》和相关司法解释，涉外仲裁协议的准据法首先依当事人选择，当事人没有选择的情况下，准据法为仲裁机构所在地的法律和仲裁地法律中确认仲裁协议有效的法律。在本案的仲裁协议中，当事人没有选择仲裁协议准据法，约定提交的仲裁机构名称不准确，法院根据当事人仲裁协议的约定，认定仲裁地为新加坡。法院通过外国法查明，认为根据新加坡法律，本案涉及的仲裁协议有效。

第三节 仲裁协议的法律效力

国际商事仲裁协议的法律效力包括积极法律效力和消极法律效力。积极法律效力主要指当事人有义务根据国际商事仲裁协议，善意地相互配合解决其争议。消极法律效力主要是指排除法院对该争议的管辖权。

有关仲裁协议的积极法律效力问题，《英国仲裁法(1996 年)》规定当事人应为一切必要行为，妥善和迅速进行仲裁程序，包括毫不延迟地遵守仲裁庭对程序或证据事项的决定，或仲裁庭的任何命令或指示；在适当情况下，毫不延迟地采取任何必要步骤获取法院就管辖权或法律初步问题的决定。

仲裁协议的消极法律效力，要求当事人不得将仲裁事项进行诉讼，仲裁事项只能通过仲裁解决。《纽约公约》第 2 条第 3 款要求，缔约方法院以仲裁协议为标的向法院起诉的案件，在一方当事人请求的情况下，法院应让当事人诉诸仲裁。

当事人违反仲裁协议的消极义务，将仲裁事项诉诸法院，法院通常会中止诉讼程序或驳回起诉。《示范法》规定，就仲裁协议约定的仲裁事项向法院提起诉讼，一方当事人在不迟于其就争议实体问题提出第一次陈述时要求仲裁，法院应让当事人诉诸仲裁，除非法院认定仲裁协议无效、不可行或不能履行。《英国仲裁法(1996 年)》规定，如仲裁协议约定的仲裁事项在法院起诉，当事人可申请该法院中止诉讼程序，基于该申请法院应中止诉讼程序。《法国民事诉讼法典》规定，如仲裁协议约定的仲裁事项在法院起诉，法院应拒绝管辖。《瑞士国际私法法典》规定，如就争议事项当事人达成了仲裁协议,法院应拒绝管辖。《仲裁法》也规定:当事人达成仲裁协议,一方向人民法院起诉未声明有仲裁协议,人民法院受理后,另一方在首次开庭前提交仲裁协议,人民法院应当驳回起诉。

第四节　仲裁协议有效性的认定

国际商事仲裁协议的有效性包括形式有效性和实质有效性。

一、国际商事仲裁协议的形式有效性

国际商事仲裁协议的形式有效性包括书面形式要求,仲裁员的选择和人数,仲裁机构的选择等。之所以对仲裁协议有书面形式要求,其原因主要包括提请当事人注意订立仲裁协议即放弃了将争议诉诸法院的权利,为当事人达成件裁协议提供证明,请当事人慎重考虑仲裁协议中件裁地、仲裁规则等重要问题。

《纽约公约》要求仲裁协议采用书面形式。《示范法》设置了两种选择:第一种要求仲裁协议采取书面形式,但对书面形式的要求非常宽松,规定无论仲裁协议是以口头、行为还是其他方式订立,其内容以任何形式记录下来,即为书面形式;电子通信所含信息可以调取以备日后查用,即满足仲裁协议的书面形式要求;仲裁协议如载于相互往来的索赔声明和抗辩声明中,且一方当事人声称有协议而另一方当事人不予否认,即为书面协议;在合同中提及载有仲裁条款的任何文件,只要此种提及可使该仲裁条款成为该合同一部分,即构成书面形式的仲裁协议。第二种则对

仲裁协议的形式未作要求。法国《民事诉讼法典》明确说明对仲裁协议的形式不作要求。

《仲裁法》要求仲裁协议采用书面形式。最高人民法院的司法解释对书面形式作了宽泛解释,书面形式包括以合同书、信件和数据电文(包括电报、电传、传真、电子数据交换和电子邮件)等形式达成的仲裁协议。

《仲裁法》规定仲裁机构是必备内容。仲裁协议对仲裁机构没有约定或者约定不明确,当事人可以补充协议,达不成补充协议,仲裁协议无效。

二、国际商事仲裁协议的实质有效性

国际商事仲裁协议的实质有效性涉及的问题包括:当事人的缔约能力、当事人未能达成合意、欺诈、错误、显失公平、违法等。《纽约公约》第2条第3款规定,法院应让当事人诉诸仲裁,除非认定仲裁协议无效、不能实行或不能履行。

当事人的缔约能力与一般的合同法要求相同,如自然人精神不健全,未成年,公司权限受到限制等。当事人未能达成合意包括:就核心条款未达成协议,仲裁协议内容不确定,仲裁协议提及的仲裁机构或规则不存在,内容自相矛盾的仲裁条款,有多种争议解决方式的条款,胁迫或不正当影响等。

就仲裁协议的实质有效性,《仲裁法》规定了两项仲裁协议无效的情形:当事人缺乏缔结仲裁协议的行为能力,当事人订立仲裁协议因对方胁迫而意思表示不真实。

三、仲裁事项的可仲裁性

国际公约或国内法通常规定,特定事项不可仲裁。其基本理论是这些事项涉及公共利益或第三人利益，应由公权力予以应对，不适于由仲裁这类私权利处置方式予以解决。

《纽约公约》第 2 条第 1 款要求缔约方承认当事人通过仲裁解决的事项达成的仲裁协议。第 5 条第 2 款甲项将仲裁事项根据执行地法律不具有可仲裁性作为法院需主动查明不予执行仲裁裁决的理由之一。

传统上通常认为不可仲裁的领域包括垄断和竞争法、证券法、反腐败法、知识产权法、贸易管制、破产法、劳动争议、消费者争议、自然资源等，现在这些领域也在逐渐缩小，将越来越多以前认为不具有可仲裁性的事项纳入仲裁范围。例如，垄断和竞争法，不具有可仲裁性的事项主要是行政机构具有排他管辖权的事项，如给予反垄断法上的豁免，批准合并等交易。违反竞争法的民事责任一般都认为可提交国际商事仲裁。在知识产权领域，知识产权的登记或否定其效力属于公权力机构的管辖范围，而具体案件中特定知识产权的有效性和存在与否是可仲裁的。关于消费者争议，欧盟《关于消费者合同中不公平条款的指令》规定，在消费者合同中预先约定将争议提交仲裁的条款无效，以保护消费者的诉权。

《仲裁法》规定了不可仲裁的事项：婚姻、收养、监护、扶养、继承纠纷、应由行政机关处理的行政争议，并规定仲裁协议因约定的仲裁事项不具有可仲裁性而无效。

案例

浙江逸盛石化有限公司、英威达技术有限公司 (INVISTA Technologies S. a. r. l.) 申请确认仲裁协议效力纠纷案[1]

2003年4月28日及6月15日,逸盛公司与英威达公司之间分别签订编号为“2003HSDT/2600US”的《PTA 一号工厂 PTA 技术许可协议》和编号为“2003 HSDT/2688US”的《PTA 二号工厂 PTA 技术许可协议》各一份(以下合称技术许可协议)。2012年7月11日,英威达公司依据该技术许可协议中的仲裁条款,即“仲裁应当在中国北京中国国际经济贸易仲裁中心(CIETAC)进行,并适用现行有效的《联合国国际贸易法委员会仲裁规则》[The arbitration shall take place at China International Economic Trade Arbitration Centre (CIETAC), Beijing, P. R. China and shall be settled according to the UNCIIRAL Arbitration Rules as at present in force]”,向中国国际经济贸易仲裁委员会提出了仲裁申请。

逸盛公司认为,英威达公司提出上述仲裁申请所依据的仲裁条款无效,具体理由为:仲裁条款未明确约定《仲裁法》定义下的“选定的仲裁委员会”,且约定适用于临时仲裁的《联合国国际贸易法委员会仲裁规则》,故上述仲裁条款属典型的临时仲裁约定,依法应认定为无效仲裁条款;而且,已经开始的仲裁程序是按照

[1] 浙江逸盛石化有限公司、英威达技术有限公司(INVISTA Technologies S. a. r. l.)申请确认仲裁协议效力纠纷案,浙江省宁波市中级人民法院民事裁决书,(2012)浙甬仲确字第4号。

临时仲裁方式进行的，此进一步印证了仲裁条款属典型的临时仲裁约定。综上，请求确认逸盛公司与英威达公司签订的编号为“2003HSDT/2600US”的《PTA 一号工厂 PTA 技术许可协议》和编号为“2003 HSDT/2688US”的《PTA 二号工厂 PTA 技术许可协议》中的仲裁条款无效。

被申请人英威达公司答辩称：第一，本案仲裁条款中明确选定中国国际经济贸易仲裁委员会为仲裁机构，系关于机构仲裁的约定，依法应属有效仲裁条款。如果是临时仲裁，双方完全没有必要在仲裁条款中列出该仲裁机构的名称。对仲裁条款的理解应以尊重当事人的仲裁意愿为准则，以保护当事人原本的仲裁意愿为原则，尽量尊重仲裁条款的有效性。第二，《联合国国际贸易法委员会仲裁规则》并非临时仲裁专用规则，而是广泛适用于世界各地的机构仲裁中，其适用并不仅限于临时仲裁，该仲裁规则的适用并不导致本案仲裁条款沦为临时仲裁约定而无效。第三，本案仲裁程序是按照机构仲裁的模式进行，而非申请人所主张的依临时仲裁程序进行。综上，请求驳回申请人逸盛公司提出的确认涉案仲裁条款无效的请求。

宁波市中级人民法院经逐级报请最高人民法院审查后，于2014 年 3 月 17 日作出终审裁定，认为当事人在技术许可协议中没有明确约定该仲裁条款效力的准据法，但当事人在诉讼中均选择适用中华人民共和国内地法律作为确认该仲裁条款效力的准据法，该情形符合《涉外民事关系法律适用法》第 18 条的规定。

当事人在仲裁条款中虽然使用了“take place at”表述，此后的词组一般被理解为地点，然而按照有利于实现当事人仲裁意愿目的解释的方法，可以理解为也包括对仲裁机构的约定。虽然当事人约定的仲裁机构的中文名称不准确，但从英文简称 CIETAC 可以推定当事人选定的仲裁机构是在北京的中国国际经济贸易仲裁委员会。《最高人民法院关于适用〈中华人民共和国仲裁法〉若干问题的解释》第 3 条规定："协议约定的仲裁机构名称不准确，但能够确定具体的仲裁机构的，应当认定选定了仲裁机构。"因此，本案所涉的仲裁条款并不违反《仲裁法》的规定。

要点解析

本案讨论的主要问题是仲裁协议的有效性。法院首先确定了本案涉及仲裁协议的准据法系中华人民共和国内地法律。《涉外民事关系法律适用法》第 18 条规定：当事人可以协议选择仲裁协议适用的法律。法院认为当事人虽在仲裁协议中没有明确约定该仲裁条款效力的准据法，但当事人在诉讼中均选择适用中华人民共和国内地法律作为确认该仲裁条款效力的准据法。根据《仲裁法》，仲裁协议的必备内容之一为当事人约定的仲裁机构。本案涉及仲裁协议中当事人是否约定了仲裁机构，法院认为该仲裁协议约定，"仲裁应当在中国北京中国国际经济贸易仲裁中心（CIETAC）进行[The arbitration shall take place at China International Economic Trade Arbitration Centre (CIETAC)]"，按照有利于实现当事人仲裁意愿目的解释的方法，可以理解为包括对仲裁机构的约定。即当事人约定将争议提交中国国际经济贸易仲裁委员会。因此，本案的仲裁协议是有效的。

安徽省龙利得包装印刷有限公司与 BP Agnati S. R. L 申请确认仲裁协议效力案[1]

申请人安徽省龙利得包装印刷有限公司(龙利得公司)与被申请人 BP Agnati S. R. L(Agnati 公司)以及江苏苏美达国际技术贸易有限公司(苏美达公司)于 2010 年 10 月 28 日签署了一份编号为 BPAC049/10 的《销售合同》。该合同第 10.1 款约定:"任何因本合同引起的或与其有关的争议应被提交国际商会仲裁院,并根据国际商会仲裁院规则由按照该等规则所指定的一位或多位仲裁员予以最终仲裁。管辖地应为中国上海,仲裁应以英语进行。"龙利得公司认为,上述仲裁条款的效力应依据中国法律进行判断。而该仲裁条款因违反我国相关法律规定,应属无效。

有关涉案仲裁协议效力的认定问题,安徽省中级人民法院向安徽省高级人民法院请示,安徽省高级人民法院又向最高人民法院请示,最高人民法院认为,当事人在合同中约定,因合同而发生的纠纷由国际商会仲裁院进行仲裁,同时还约定"管辖地应为中国上海"(Place of jurisdiction shall be Shanghai, China)。从仲裁协议的上下文看,对其中"管辖地应为中国上海"的表述应当理解为仲裁地在上海。本案中,当事人没有约定确认仲裁协议效力适用的法律,根据《最高人民法院关于适用〈中华人民共和国仲裁法〉若干问题的解释》第 16 条的规定,应适用仲裁地法律即中华人民共和国的法律

---

[1] 《最高人民法院关于申请人安徽省龙利得包装印刷有限公司与被申请人 BP Agnati S. R. L 申请确认仲裁协议效力案的请示的复函》[(2013)民四他字第 13 号]。

来确认仲裁协议的效力。《仲裁法》第16条第2款规定:“仲裁协议应当具有下列内容:(一)请求仲裁的意思表示;(二)仲裁事项;(三)选定的仲裁委员会。”涉案仲裁协议有请求仲裁的意思表示,约定了仲裁事项,并选定了明确具体的仲裁机构,应认定有效。

要点解析

本案讨论的主要问题是仲裁协议的有效性。法院首先确定本案涉及仲裁协议的准据法。《最高人民法院关于适用〈中华人民共和国仲裁法〉若干问题的解释》第16条规定:对涉外仲裁协议的效力审查,适用当事人约定的法律;当事人没有约定适用的法律但约定了仲裁地,适用仲裁地法律。本案涉及的仲裁协议中,当事人对仲裁协议准据法没有约定,但约定“管辖地应为中国上海”(Place of Jurisdiction shall be Shanghai,China)。法院认为这一约定应理解为仲裁地在上海,仲裁地法律即中华人民共和国内地法律为仲裁协议的准据法。法院认为本案涉及的仲裁协议有请求仲裁的意思表示,约定了仲裁事项,并选定了明确具体的仲裁机构:国际商会仲裁院,符合我国内地仲裁法的要求。仲裁协议有效。

本案回答了仲裁协议约定外国仲裁机构在我国内地仲裁是否有效的问题,但未涉及外国仲裁机构在我国内地仲裁作出的仲裁裁决的籍属问题。这一问题在布兰特伍德工业有限公司申请承认和执行外国仲裁裁决案中作出了回答,[1]外国仲裁裁决在中国内地作出的裁决视为涉外仲裁裁决,确立了以仲裁地作为仲裁裁决籍属判断标准的规则。

---

〔1〕 参见本书第五章第一节“案例”。

第四章　国际商事仲裁协议的独立性和当事人

第一节　仲裁协议的独立性

仲裁协议的独立性是国际商事仲裁法中的基本原则之一，主要内容包括仲裁协议的存在和有效性不受基础合同的影响，仲裁协议可以适用与基础合同不同的准据法。这一原则为国际公约和国内法所确认，仲裁规则中也对仲裁协议的独立性有明确规定。

《示范法》规定，仲裁协议独立于基础合同，不因基础合同丧失法律效力而丧失法律效力。《法国民事诉讼法典》规定，仲裁协议独立于基础合同，不因基础合同的无效而无效。《英国仲裁法（1996 年）》规定，仲裁协议独立于基础协议，不因基础协议的无效、不存在或丧失法律效力而无效、不存在或丧失法律效力。

《仲裁法》也明确确认仲裁协议的独立性，规定：仲裁协议独立存在，合同的变更、解除、终止或者无效，不影响仲裁协议的效力。中国国际经济贸易仲裁委员会的仲裁规则也规定：合同中的仲裁条款应视为与合同其他条款分离的、独立存在的条款,附属于合同的仲裁协议也应视为与合同其他条款分离的、独立存在的一个部分;合同的变更、解除、终止、转让、失效、无效、未生效、被撤销以及成立与否,均不影响仲裁条款或仲裁协议的效力。

仲裁协议和基础合同相互独立,仲裁协议的存在和有效性不受基础合同的影响;反之亦然,基础合同的存在和有效性也不受仲裁协议的影响。仲裁协议的准据法可以与基础合同不同,仲裁协议的准据法与基础合同的准据法可以是不同法域的法律,也可以是同一法域的不同法律。

案例

运裕有限公司、深圳市中苑城商业投资控股有限公司申请确认仲裁协议效力案[1]

2018 年 4 月 4 日,中苑城公司根据《产权交易合同》草签版本第 16.2 条及《债权清偿协议》草签版本第 12 条的约定,向深圳国际仲裁院提出仲裁申请,将运裕公司等列为共同被申请人。在仲裁庭开庭前,运裕公司等分别向广东省深圳市中级人民法院提起诉讼,申请确认仲裁协议不存在。该院于 2018 年 9 月 11 日立案,形成了本案和另外两个关联案件。在该院审查期间,最高人民院认为,本案及关联案件有重大法律意义,由国际商事法庭审查有利于统一适用法律,且有利于提高纠纷解决效率,故依照《民事诉讼法》第 38 条第 1 款、《最高人民法院关于设立国际商事法庭若

[1] 运裕有限公司、深圳市中苑城商业投资控股有限公司申请确认仲裁协议效力案,最高人民法院民事裁定书,(2019)最高法民特 1 号。

干问题的规定》第2条第5项之规定,裁定本案由最高人民法院第一国际商事法庭审查。

最高人民法院第一国际商事法庭经审查认为,本案的争议焦点是案涉仲裁条款是否成立。运裕公司在中苑城公司申请仲裁后,以仲裁条款未成立为由,向法院申请确认双方之间不存在有效的仲裁条款。虽然这不同于要求确认仲裁协议无效,但是仲裁协议是否存在与是否有效同样直接影响到纠纷解决方式,同样属于需要解决的先决问题,因而要求确认当事人之间不存在仲裁协议也属于广义的对仲裁协议效力的异议。《仲裁法》第20条第1款规定:当事人对仲裁协议的效力有异议的,可以请求仲裁委员会作出决定或者请求人民法院作出裁定。据此,当事人以仲裁条款未成立为由要求确认仲裁协议不存在的,属于申请确认仲裁协议效力案件,人民法院应予立案审查。

在确认仲裁协议效力时,首先要确定准据法。《涉外民事关系法律适用法》第18条规定:"当事人可以协议选择仲裁协议适用的法律。当事人没有选择的,适用仲裁机构所在地法律或者仲裁地法律。"在法院询问时,各方当事人均明确表示同意适用中华人民共和国法律确定案涉仲裁协议的效力。因此,本案仲裁协议适用中华人民共和国法律。《仲裁法》第16条第1款规定:"仲裁协议包括合同中订立的仲裁条款和以其他书面方式在纠纷发生前或者纠纷发生后达成的请求仲裁的协议。"可见,合同中的仲裁条款和独立的仲裁协议这两种类型,都属于仲裁协议,仲裁条款的成立和效力的认定也适用关于仲裁协议的法律规定。

仲裁协议的独立性是广泛认可的一项基本法律原则,是指仲裁协议与主合同是可分的，互相独立，它们的存在与效力，以及适用于它们的准据法都是可分的。由于仲裁条款是仲裁协议的主要类型，仲裁条款与合同其他条款出现在同一文件中，赋予仲裁条款独立性，比强调独立的仲裁协议具有独立性更有实践意义，甚至可以说仲裁协议的独立性主要是指仲裁条款和主合同是可分的。对于仲裁协议的独立性，中华人民共和国法律和法院司法解释均有规定。《仲裁法》第 19 条第 1 款规定："仲裁协议独立存在，合同的变更、解除、终止或者无效，不影响仲裁协议的效力。"从上下文关系看，该条是在第 16 条明确了仲裁条款属于仲裁协议之后，规定了仲裁协议的独立性。因此，仲裁条款独立于合同。仲裁条款能否完全独立于合同而成立，《仲裁法》的规定似乎不是特别清晰，不如已成立合同的变更、解除、终止或者无效不影响仲裁协议效力的规定那么明确。在司法实践中，合同是否成立与其中的仲裁条款是否成立这两个问题常常纠缠不清。但是，《仲裁法》第 19 条第 1 款开头部分"仲裁协议独立存在"，是概括性、总领性的表述，应当涵盖仲裁协议是否存在即是否成立的问题，之后的表述则是进一步强调列举的几类情形也不能影响仲裁协议的效力。《最高人民法院关于适用〈中华人民共和国仲裁法〉若干问题的解释》第 10 条第 2 款进一步明确规定："当事人在订立合同时就争议达成仲裁协议的，合同未成立不影响仲裁协议的效力。"因此，在确定仲裁条款的效力包括仲裁条款是否成立时，可以先行确定仲裁条款本身的效力；在确有必要时，才考虑对整个合同的效力包括合同是否成立进行认定。本案亦依此规则，先根据本案的具体情况确定仲裁条款是否成立。

仲裁条款是否成立，主要是指当事人双方是否有将争议提交仲裁的合意，即是否达成了仲裁协议。仲裁协议是一种合同，判断双方是否就仲裁达成合意，应适用原《合同法》（现为《民法典》）关于要约、承诺的规定。从本案的磋商情况看，当事人双方一致共同认可将争议提交仲裁解决。本案最早的《产权交易合同》，系北京证券交易所提供的标准文本，连同《债权清偿协议》由运裕公司等一方发给中苑城公司，两份合同均包含将争议提交北京仲裁委员会仲裁的条款。之后，当事人就仲裁机构进行了磋商。运裕公司等一方发出的合同草签版的仲裁条款，已将仲裁机构确定为深圳国际仲裁院。就仲裁条款而言，这是运裕公司等发出的要约。中苑城公司在合同草签版上盖章，表示同意，并于2017年5月11日将盖章合同文本送达运裕公司，这是中苑城公司的承诺。根据《合同法》第25条、第26条的[1]相关规定，承诺通知到达要约人时生效，承诺生效时合同成立。因此，《产权交易合同》《债权清偿协议》中的仲裁条款于2017年5月11日分别在两个合同的各方当事人之间成立。之后，当事人就合同某些其他事项进行交涉，但从未对仲裁条款有过争议。鉴于运裕公司等并未主张仲裁条款存在法定无效情形，故应当认定双方当事人之间存在有效的仲裁条款，双方争议应由深圳国际仲裁院进行仲裁。虽然运裕公司等没有在最后的合同文本上盖章，其法定代表人也未在文本上签字，不符合合同经双方法定代表人或授权代表签字并盖章后生效的要求，但根据《最高人民法院关于适用〈中华人民

[1] 现为《民法典》第483条、第484条。

共和国仲裁法〉若干问题的解释》第10条第2款的规定,即使合同未成立,仲裁条款的效力也不受影响。在当事人已达成仲裁协议的情况下,对于本案合同是否成立的问题无须再行认定,该问题应在仲裁中解决。

要点解析

本案讨论的主要问题是仲裁协议独立性原则。在本案中,法院明确仲裁协议的独立性是仲裁制度的一项基本原则。仲裁协议与基础合同相互独立,不当然因对方的存在与有效性的瑕疵而受到影响。在确定仲裁条款有效性包括仲裁条款是否成立时,可以先行确定仲裁条款本身的效力;在确有必要时,才考虑对整个合同的效力包括合同是否成立进行认定。

法院首先确定了本案所涉仲裁协议的准据法,在法院的审理过程中,当事人明确表示同意将中华人民共和国法律作为本案所涉仲裁协议的准据法。《仲裁法》承认仲裁协议独立性原则。在本案中,仲裁条款经当事人的要约和承诺达成后,当事人就合同某些其他事项进行交涉,但从未对仲裁条款有过争议,也未主张仲裁条款存在法定无效情形。虽然包含仲裁条款的合同不符合合同约定的生效要求,但是根据仲裁法及其司法解释的规定,合同未成立不影响仲裁协议的有效性。因此,本案所涉仲裁协议有效。

本案也对法院长期以来就以下问题的争议,即要求确认当事人之间不存在仲裁协议是否属于对仲裁协议效力的异议作出了澄清,认为其也属于广义的对仲裁协议效力的异议。

第二节 仲裁协议的当事人

国际商事仲裁协议约束的是仲裁协议的当事人。仲裁协议的当事人通常是签署了仲裁协议的人。但有些人虽未签署仲裁协议,也被视为仲裁协议的当事人。未签署仲裁协议的人被作为仲裁协议当事人,受到仲裁协议的约束,理论依据包括代理理论、刺破公司面纱理论、公司集团理论、第三方受益人理论、继承理论、转让理论等。

就代理理论而言,如代理人代表本人签署了仲裁协议,则仲裁协议约束本人。通常为使仲裁协议约束本人,代理人需要有其可签订包含仲裁协议的特定合同的授权。根据表见代理理论,即使没有授权,如一人的言行导致相对方合理相信其授权了另一人代理其签署仲裁协议,则该人受到此仲裁协议的约束。

就刺破公司面纱理论而言,如两家公司一方控制另一方的事务并滥用这种控制,则可以否认两家公司的独立人格,将其视为一个实体。在此情形下,被控制的公司所签署的仲裁协议,将约束控制该公司的公司。作为控制人的公司将被视为仲裁协议的当事人。适用刺破公司面纱理论,需要证明存在一家公司控制另一家公司的日常事务,公司间资产、人员混同,不遵守公司议事程序等对第三方进行欺诈,使第三方陷入不公平的境地或逃避法定义务。

根据公司集团理论,如一公司为公司集团的一部分,该公司控制一关联公司或被一关联公司所控制,该关联公司签署了某合同,而该公司参与了合同谈判或履行,则该公司在一定情形下会受到合同中包含的仲裁协议的约束。根据第三方受益人理论,一方虽然不是合同当事人,但可以在一定情形下作为第三方受益人主张该合同的利益,为此,该方可能会受到合同中仲裁协议的约束。

根据继承理论,公司新设或吸收合并,合并后的主体承继合并前主体所有的资产、权利和义务。对合并前主体签订的合同,合并后的主体取代合并前的主体成为合同当事人,也成为合同包括仲裁协议的当事人。

根据转让理论,当事人在转让合同时,也可一并转让合同中包含的仲裁协议。通常如无另外约定,当事人转让合同也推定转让合同中包括仲裁协议。

我国也认可继承理论和转让理论。最高人民法院《关于适用〈中华人民共和国仲裁法〉若干问题的解释》规定,当事人订立仲裁协议后合并或分立,仲裁协议对其权利义务的继受人有效。当事人订立仲裁协议后死亡,仲裁协议对承继其仲裁事项中的权利义务的继承人有效,当事人另有约定除外。债权债务全部或者部分转让,仲裁协议对受让人有效,但当事人另有约定、在受让债权债务时受让人明确反对或者不知有单独仲裁协议的除外。《民法典》第535条规定,因债务人怠于行使其到期债权,对债权人造成损害,债权人可以向人民法院请求以自己的名义代位行使债务人的债权,但该债权专属于债务人自身的除外。代位权的行使范围以债权人的到期债权为限。债权人行使代位权的必要费用,由债务人负担。最高人民法院基于合同法的前述规定,认为债权人的代位权也及于仲裁协议,即债权人可以代债务人成为仲裁协议的一方当事人。

案例

Jesssmith & Sonscotton. LLC.、无锡市天然纺织实业有限公司等申请承认和执行外国仲裁裁决案[1]

2012年5月24日,杰斯史密斯公司就PME-10032号合同向国际棉花协会提起仲裁申请,国际棉花协会就此合同(包括其修改内容)于2013年2月6日作出了裁决,裁定天然纺织公司和绿色纤维公司作为买方共同向卖方杰斯史密斯公司支付相应费用。法院经审查认为,根据《民事诉讼法》[2]第283条的规定,国外仲裁机构的裁决,需要中华人民共和国人民法院承认和执行的,应当由当事人直接向被执行人住所地或者其财产所在地的中级人民法院申请,人民法院应当依照中华人民共和国缔结或者参加的国际条约,或者按照互惠原则办理。本案所涉仲裁裁决在英国作出,系外国仲裁裁决,中国与英国均为《纽约公约》的缔约国,故本案所涉仲裁裁决是否予以承认和执行应当根据《纽约公约》的相关规定进行审查。法院认为,国际棉花协会于2013年2月6日就PME-10032号合同作出的案件编号为A01/2012/98的仲裁裁决应不予以承认和执行。

---

[1] Jesssmith & Sonscotton. LLC.、无锡市天然纺织实业有限公司等申请承认和执行外国仲裁裁决案,江苏省无锡市中级人民法院民事裁定书,(2013)锡商外仲审字第0007号。

[2] 《民事诉讼法》2012年修正版。

一、杰斯史密斯公司与绿色纤维公司之间不存在仲裁协议，针对绿色纤维公司作出的涉案仲裁裁决应不予承认和执行

法院认为：(1)天然纺织公司和绿色纤维公司是两家具有独立法人资格的公司，其法定代表人、副总裁的人员身份重合以及天然纺织公司的订单由绿色纤维公司开立信用证均不能推论出两家公司为同一家企业；此外，2012年5月9日天然纺织公司发给杰斯史密斯公司的邮件中已明确合同系天然纺织公司与杰斯史密斯公司签订，2012年5月10日其在邮件中又强调天然纺织公司与绿色纤维公司并非同一家公司，而杰斯史密斯公司在2012年5月11日的合同修订文本中仍是将买方的名称由天然纺织公司更改为绿色纤维公司，因此在天然纺织公司与绿色纤维公司并非同一家公司的情况下，天然纺织公司在2010年11月29日合同文本上的签字并不能代表绿色纤维公司的意思表示。(2)在2011年5月11日买方为绿色纤维公司的合同文本上，并无绿色纤维公司的任何签章，杰斯史密斯公司认为根据该合同修订文本附件中第2条的规定，绿色纤维公司在3日内未签字回传，已经是同意了该合同的条款，这实际是将被申请人的默示视为对于合同条款的承诺，但合同当事方的缄默并不当然构成对于合同的承诺，杰斯史密斯公司亦未提供证据证明双方之间存在此种交易习惯，因此上述合同附件中的规定，只是杰斯史密斯公司格式合同文本的单方规定，并不能当然视为合同成立。在杰斯史密斯公司与绿色纤维公司之间的合同不成立的情况下，双方之间自然也就不存在仲裁协议或者仲裁条款，根据《纽约公约》第2条第1款的规定，当事人以书面协定承允彼此间所发生或可能发生之一切或

任何争议,如关涉可以仲裁解决事项之确定法律关系,不论契约性质与否,应提交仲裁时,各缔约方应承认此项协定,第2款"称'书面协定'者,谓当事人所签订或在相关函电中所载明之契约仲裁条款或仲裁协定"的规定,杰斯史密斯公司与绿色纤维公司之间没有签订书面仲裁协议或仲裁条款,则法院有权拒绝承认和执行针对绿色纤维公司作出的仲裁裁决。

二、涉案仲裁裁决应全部不予承认和执行

本案中,仲裁庭根据杰斯史密斯公司与天然纺织公司签订的买卖合同中的仲裁条款受理案件,就仲裁范围而言,仲裁庭只能对杰斯史密斯公司与天然纺织公司之间的买卖合同纠纷作出裁决,但其根据杰斯史密斯公司的申请,将与杰斯史密斯公司之间没有仲裁协议的绿色纤维公司列为仲裁被申请人,对卖方杰斯史密斯公司与所谓共同买方天然纺织公司和绿色纤维公司之间的买卖合同纠纷一并作出裁决,仲裁庭对杰斯史密斯公司与绿色纤维公司之间所谓的买卖合同纠纷所作裁决,显然已经超出了本案仲裁协议的范围。根据《纽约公约》第5条第1款丙项规定,对于仲裁事项超出仲裁协议范围的,应不予执行,但如果仲裁庭有权裁决部分与超裁部分是可分的,则有权裁决的部分是应该承认和执行的。本案中,裁决文书已写明天然纺织公司和绿色纤维公司对于与卖家杰斯史密斯公司之间签订的、编号为PME-10032的合同的履行承担共同连带责任,裁决主文中亦通篇使用"买方"这个称谓通指天然纺织公司和绿色纤维公司,但对于这两家公司承担的责任没有明确区分,因此法院对于仲裁庭有权裁决部分和超裁部分亦无法区分,故对于无法区分的该涉案仲裁裁决应全部不予承认和执行。

综上,法院认为不能认定绿色纤维公司加入了杰斯史密斯公司与天然纺织公司之间的买卖合同并成为合同主体,且没有证据证明绿色纤维公司与天然纺织公司系同一主体。天然纺织公司与杰斯史密斯公司之间买卖合同中的仲裁条款对绿色纤维公司并无拘束力。绿色纤维公司亦未接受仲裁庭的管辖。因此仲裁庭将绿色纤维公司列为仲裁被申请人,并将其与天然纺织公司作为共同的买方,裁决其向杰斯史密斯公司承担相应的违约责任,构成了《纽约公约》第5条第1款丙项规定的情形,且裁决事项不可分。因此,本案所涉仲裁裁决应全部不予承认和执行。

要点解析

本案主要讨论的问题是对仲裁协议当事人的认定。在本案中绿色纤维公司并未在相关合同文本上签字,天然纺织公司在相关合同文本上签字,但天然纺织公司和绿色纤维公司是两家具有独立法人资格的公司。天然纺织公司和绿色纤维公司法定代表人、副总裁的人员身份重合,天然纺织公司的订单由绿色纤维公司开立信用证,尚不符合揭开公司面纱理论,使天然纺织公司和绿色纤维公司法人人格混同,从而导致绿色纤维公司因天然纺织公司在相关合同文本上签字而受到有关仲裁协议的约束。因此,法院认为杰斯史密斯公司与绿色纤维公司之间没有书面仲裁协议,仲裁庭对绿色纤维公司没有管辖权。

第五章　仲裁地与仲裁庭的自裁管辖权

第一节　仲　裁　地

一、仲裁地的概念和法律意义

仲裁地是法律概念,不是地理上的地点。仲裁地是仲裁法律关系的本座。仲裁地的法律管辖仲裁程序的诸多方面。《示范法》规定以下事项均由仲裁地法院管辖:应当事人请求指定仲裁员,应当事人请求就仲裁员回避作出决定,应当事人请求就终止仲裁员委任作出决定,应当事人请求就仲裁庭对自身管辖权的裁决作出决定,审查当事人撤销仲裁裁决的申请。

在《纽约公约》框架下,将仲裁地作为判定仲裁裁决籍属的标准。仲裁地法院对国际商事仲裁案件有司法审查权,包括撤销仲裁裁决,指定或罢免仲裁员,解决对仲裁庭管辖权异议,发布临时措施以及就取证提供司法协助。仲裁地法律通常也适用于仲裁员的权利和义务,对仲裁程序的强制性保障,取证方式,裁决的形式和出具,修正、解释和撤销仲裁裁决的理由等。

《仲裁法》和《民事诉讼法》将仲裁机构作为判定仲裁裁决籍属的标准。内地仲裁机构作出的仲裁裁决系国内仲裁裁决或涉外仲裁裁决，由内地法院行使司法审查权，境外仲裁机构作出的仲裁裁决系境外仲裁裁决由境外法院行使司法审查权。这样产生的问题包括，其一，境外仲裁机构在我国内地作出仲裁裁决，对仲裁裁决撤销的管辖权如按机构标准应由境外仲裁机构所在地法院行使，而境外仲裁机构所在地如采用仲裁地标准，则会要求当事人向仲裁地法院即我国法院提起撤销仲裁裁决申请，这就造成管辖权的消极冲突，当事人无法寻求仲裁裁决撤销的司法救济。其二，我国法院放弃了对仲裁地在我国内地的国际商事仲裁案件的控制权，无法对仲裁庭公正中立审理案件形成震慑。其三，临时仲裁的司法审查问题在机构标准下无法解决，临时仲裁不受仲裁机构管理，无法依据机构所在地判定仲裁司法审查权的归属。

我国自贸试验区引入临时仲裁机制，允许境外仲裁机构设立业务机构审理国际商事仲裁案件，机构标准无法妥善解决这些情况下的仲裁司法审查权限的划分问题，如采用领域标准，这些问题则可迎刃而解。最高人民法院2009年发布了《关于香港仲裁裁决在内地执行的有关问题的通知》，就外国仲裁机构在我国香港特别行政区作出的仲裁裁决，以及在我国香港特别行政区作出的临时仲裁裁决的司法审查权限归属和仲裁裁决籍属判定，采用了仲裁地标准，释放了我国法院从“机构”标准向“仲裁地”标准转变的信号。但最高人民法院对境外仲裁机构在我国内地作出仲裁裁决司法审查权限归属和仲裁裁决籍属判定一直没有明确态度。在我国自贸试验区允许境外仲裁机构设立业务机构审理国际商事仲裁案件的背景下，现实需要最高人民法院对仲裁裁决司法审查权限归属和仲裁裁决籍属判定标准表明立场，否则境外仲裁机构在自贸试验区作出仲裁裁决的撤销，其管辖法院和管辖标准就存在不确定性。2020 年 8 月，广州市中级人民法院在布兰特伍德工业有限公司(Brentwood Industries)、广东阀安龙机械成套设备工程有限公司申请承认与执行法院判决、仲裁裁决案裁定国际商会仲裁院在广州作出的仲裁裁决可视为我国的涉外仲裁裁决。根据仲裁司法审查案件报核制度，这一裁定显然是经过了最高人民法院的审核，这就明确表明了最高人民法院按领域标准确认仲裁裁决司法审查权限归属和判定仲裁裁决籍属的立场。

二、仲裁地的确定

仲裁地对国际商事仲裁具有重要意义，因此仲裁地通常由当事人在仲裁协议中确定。在当事人没有协议确定仲裁地的情况下，仲裁地一般由仲裁机构或仲裁庭确定。如当事人未选择机构仲裁，也未组成仲裁庭，则仲裁地由法院确定。

《示范法》规定，当事人可以自由约定仲裁地，未达成此种约定，由仲裁庭考虑案件的情况(包括当事人的便利)来确定仲裁地点。国际商会仲裁院仲裁规则规定：仲裁地首先由当事人约定，当事人没有约定则由仲裁院确定。中国国际经济贸易仲裁委员会仲裁规则规定，当事人对仲裁地有约定，从其约定；当事人对仲裁地未作约定或约定不明，以管理案件的仲裁委员会或其分会/仲裁中心所在地为仲裁地；仲裁委员会也可视案件的具体情形确定其他地点为仲裁地。

案例

布兰特伍德工业有限公司（Brentwood Industries）、广东阀安龙机械成套设备工程有限公司申请承认与执行法院判决、仲裁裁决案[1]

申请人布兰特伍德工业有限公司(以下简称布兰特伍德公司)申请承认和执行国际商会国际仲裁院于2014年3月17日在中国广州市对申请人布兰特伍德公司与被申请人广东阀安龙机械成套设备工程有限公司(以下简称阀安龙公司)、广州市正启贸易有限公司(以下简称正启公司)和广东省环境工程装备总公司(以下简称环境工程装备公司)作出的案件编号18929/CYK《终极裁决》一案。

法院经审理查明,为建设广州市猎德污水处理系统四期厂区工程,广东广机国际招标股份有限公司受广州市污水治理有限责任公司的委托,就相关设备的采购进行招投标。环境工程装备公司中标后,其作为卖方与广州市污水治理有限责任公司于2010年2月在广州签订了编号为穗污治猎德约字〔2010〕4号的《建设工程设备采购合同》,后其又委托阀安龙公司向布兰特伍德公司购买相关设备。2010年4月13日,正启公司为买方,布兰特伍德公司为卖方,阀安龙公司为委托方,在中国广州签订合同号为

〔1〕 布兰特伍德工业有限公司(Brentwood Industries)、广东阀安龙机械成套设备工程有限公司申请承认与执行法院判决、仲裁裁决案,广东省广州市中级人民法院民事裁定书,(2015)穗中法民四初字第62号。

LD4QGNJ－1 的合同，约定：阀安龙公司委托正启公司作为货物的进口代理，向布兰特伍德公司购买链板式刮泥机(4 轴)含刮板检测系统和检测系统配套就地控制箱共 24 套，合同总价为 CIF 中国广州黄埔老港壹佰叁拾壹万玖仟陆佰柒拾美元整等。其中第 16 条仲裁约定："凡因本合同引起的或与本合同有关的任何争议，双方应通过友好协商解决。如果协商不能解决，应提交国际商会仲裁委员会根据国际惯例在项目所在地进行仲裁。该仲裁委员会作出的裁决是终局的，对双方均有约束力。除仲裁委员会另有裁定外，仲裁费用由败诉一方负担。仲裁语言为中、英文双语。"第 17 条适用法律约定："本合同适用法律为中华人民共和国法律。"正启公司、布兰特伍德公司、阀安龙公司签订的作为上述合同的《补充协议》第 3 条载明，本合同项下的货物用于下述项目中：项目名称"广州猎德污水处理厂四期工程"，最终用户名称"广州市污水治理有限责任公司"，地址"广州市天河区临江大道 501 号"。

布兰特伍德公司于 2011 年 5 月 9 日向法院申请确认案涉合同中的仲裁条款无效。法院于 2012 年 2 月 22 日作出(2011)穗中法仲异字第 11 号民事裁定，确认涉案合同中约定的仲裁条款有效。

布兰特伍德公司于 2012 年 8 月 31 日向国际商会国际仲裁院秘书处对三被申请人提起仲裁申请。阀安龙公司、环境工程装备公司于 2012 年 11 月 20 日向国际商会国际仲裁院秘书处提交了答辩书及证据材料，正启公司于 2012 年 11 月 19 日向国际商会国际仲裁院秘书处提交了答辩书，并在答辩书中提出对仲裁管辖权的意见。国际商会国际仲裁院秘书处于2012年11月29日告知各方，独任仲裁员将会给各方表达意见的机会，然后对管辖权问题作出裁决。因各方当事人同意此案由一名独任仲裁员裁决，国际商会国际仲裁院在2013年1月10日根据2012年国际商会仲裁规则第13条第3款直接委任詹薇玲(Jane Willems)女士为此案的独任仲裁员。在2013年4月3日在广州召开的案件管理会议上，各方对独任仲裁员建议的程序时间表表示同意，各方和独任仲裁员于同日完成并签署了审理范围书。依据临时程序时间表，布兰特伍德公司于2013年5月8日提交了书面陈述，阀安龙公司、环境工程装备公司、正启公司于2013年6月5日提交了补充书面陈述。仲裁庭审于2013年6月21日进行，各方均参加了庭审，并就程序和实体进行了陈述，也对互相的立场进行了回复。2014年3月17日，国际商会国际仲裁院独任仲裁员詹薇玲女士作出案件编号18929/CYK终极裁决。

法院经审查认为，正启公司为买方，布兰特伍德公司为卖方，阀安龙公司为委托方，在中国广州市签订的案涉合同第16条约定："凡因本合同引起的或与本合同有关的任何争议，双方应通过友好协商解决。如果协商不能解决，应提交国际商会仲裁委员会根据国际惯例在项目所在地进行仲裁。该仲裁委员会作出的裁决是终局的，对双方均有约束力。除仲裁委员会另有裁定外，仲裁费用由败诉一方负担。仲裁语言为中、英文双语。"该条款所载的"项目"为"广州猎德污水处理厂四期工程"，地点在中国广州市。法院于2012年2月22日作出的(2011)穗中法仲异字第11号民事裁定书已确认上述仲裁条款有效。国际商会国际仲裁院根据布兰特伍德公司的申请，由独任仲裁员詹薇玲女士组成的仲裁庭在仲裁地中国广州作出涉案仲裁裁决。根据该事实，案涉仲裁裁决系外国仲裁机构在中国内地作出的仲裁裁决，可以视为中国涉外仲裁裁决。案涉仲裁裁决的被申请人不履行仲裁裁决的，布兰特伍德公司可参照《民事诉讼法》[1]第273条的规定向被申请人住所地或者财产所在地的中级人民法院申请执行。

要点解析

《仲裁法》对仲裁裁决籍属的认定采用机构标准，即我国内地仲裁机构作出的仲裁裁决为内地仲裁裁决，境外仲裁机构作出的仲裁裁决为境外仲裁裁决。而《纽约公约》则采用领域标准，即以仲裁地作为判定仲裁裁决籍属的标准。这两种标准的冲突突出体现在境外仲裁机构审理以我国内地为仲裁地的仲裁案件作出的仲裁裁决，其籍属如何认定，是按照机构标准认定为境外仲裁裁决，还是按照领域标准认定为内地仲裁裁决。境外仲裁机构在我国自贸试验区设立业务机构，就国际商事、海事、投资等领域发生的民商事争议开展仲裁业务，这就使境外仲裁机构作出的以我国内地为仲裁地的仲裁裁决的籍属认定标准成为亟待解决的问题。

本案明确了境外仲裁机构在我国内地作出的仲裁裁决的性质——视为涉外仲裁裁决，确认此类仲裁裁决能够在我国内地直接申请执行，表明了法院以仲裁地作为判定仲裁裁决籍属标准的立场。本案为境外机构在我国内地开展仲裁业务扫清了障碍，也

〔1〕《民事诉讼法》2017年修正版。

体现了我国司法机关为我国国际商事争议解决市场开放所作的努力。

第二节　仲裁庭的自裁管辖权

一、仲裁庭自裁管辖权的界定

仲裁庭的自裁管辖权是指仲裁庭决定自身管辖权的权力，涉及争议包括当事人之间仲裁协议的存在与否、有效性、合法性，以及仲裁协议的范围。国际公约和国内法都确认了仲裁庭的自裁管辖权。

《欧洲公约》第5条第3款规定："管辖权受到质疑的仲裁员有权继续仲裁，对其自身管辖权作出决定，并决定仲裁协议或仲裁协议作为其组成部分的合同的存在与否或有效性，前述决定受到法院地法规定的后续司法控制。"

《示范法》第16条规定，仲裁庭可以对其管辖权，包括对关于仲裁协议的存在或效力的任何异议作出裁定。《法国民事诉讼法典》规定，仲裁庭对其管辖权的异议有排他管辖权。《瑞士国际私法法典》规定，仲裁庭应自行决定其管辖权，即使相同当事人就同一事项已在一国提起诉讼或在其他仲裁庭提起仲裁，仲裁庭也应就其管辖权作出决定，除非有充分理由中止程序。《英国仲裁法(1996年)》规定，除当事人另有约定，仲裁庭有权就其实体管辖权作出决定，包括是否存在有效的仲裁协议，仲裁庭组成是否适当，基于仲裁协议提交仲裁的仲裁事项。可以通过仲裁上诉程序、审查或该法的规定对该决定提出异议。《瑞典仲裁法》第2条规定，仲裁庭可就其对争议的管辖权作出决定。

仲裁庭自裁管辖权的内容包括：仲裁庭有权决定就其管辖权的异议，以及在仲裁庭就其管辖权作出决定前，排除法院对仲裁庭管辖权作出决定。

二、对仲裁庭管辖权的司法审查

对仲裁庭管辖权的司法审查，涉及的问题包括：仲裁过程中的司法审查介入，法院对仲裁庭管辖权决定的审查标准，约定仲裁庭就其管辖权有最终决定权协议的有效性。

（一）仲裁过程中的司法审查介入

仲裁过程中的司法审查介入涉及的内容包括：在仲裁过程中，当事人是否可以申请法院就仲裁协议的存在、有效性和范围作出决定，法院对仲裁协议的审查采用形式审查标准还是实质审查标准，以及当事人是否可以申请法院对仲裁庭就其管辖权作出的决定进行审查。

根据《示范法》的规定，在仲裁过程中，当事人可以申请法院就仲裁协议的存在、有效性和范围作出决定。《示范法》允许在一定情况下，法院在仲裁过程中就仲裁庭针对其管辖权的决定进行司法审查。《示范法》规定，仲裁庭对其管辖权的异议可以作为初步问题作出决定，也可以在对实体问题的裁决中作出决定。如仲裁庭决定其有管辖权，任何一方当事人可在收到决定通知后30日内请求仲裁地法院对此事项作出决定，该决定不得上诉。在对该请求未决期间，仲裁庭可以继续进行仲裁程序，作出裁决。如仲裁庭选择在对实体问题的裁决中就其管辖权的异议作出决定，则当事人没有机会在仲裁过程中申请仲裁地法院就仲裁庭的管辖权作出决定，只能在仲裁裁决作出后，向仲裁地法院申请撤销仲裁裁决。

法国法尊重仲裁庭自裁管辖权，原则上在仲裁过程中不对仲裁协议的存在、有效性和范围,以及仲裁庭就其管辖权的决定进行司法审查。根据《法国民事诉讼法典》,仲裁庭对其管辖权的异议有排他管辖权。对已提交仲裁的争议,如诉诸法院,除仲裁庭尚未对其管辖权进行审理,且仲裁协议明显无效或不适用外,法院不予管辖。即使将尚未提交仲裁的争议诉诸法院,除仲裁协议明显无效或不适用外,法院也不予管辖。

根据《瑞士国际私法法典》的规定,在仲裁过程中,当事人可以申请法院就仲裁协议的存在、有效性和范围作出决定。法院对仲裁协议的审查一般采用形式审查标准。

根据《美国联邦仲裁法》的规定,在仲裁过程中,当事人可以申请法院就仲裁协议的存在、有效性和范围作出决定。《美国联邦仲裁法》规定,如根据书面仲裁协议应进行仲裁的争议被诉诸法院,该法院在确信该争议根据前述仲裁协议应诉诸仲裁,经一方当事人申请应中止诉讼程序,直至根据仲裁协议进行仲裁。法院对仲裁协议的审查采用实质审查标准。

根据《英国仲裁法(1996 年)》的规定,在仲裁过程中,当事人可以申请法院就仲裁协议的存在、有效性和范围作出决定。当事人还可以申请法院对仲裁庭就其管辖权作出的决定进行审查。《英国仲裁法(1996 年)》规定,法院可应仲裁当事人申请,就仲裁庭的实质管辖权作出决定。仲裁当事人的申请需满足以下条件之一:(1)仲裁程序的所有其他当事人均书面同意作出此申请;(2)经仲裁庭准许,且法院认为:①对该问题的决定可能会实质性地节省成本,②申请系及时提出,③该事项由法院决定有充分理由。除非法院准许,否则对法庭关于仲裁当事人申请是否满足前述条件的决定不得上诉。法院就管辖权问题作出的决定,除法院认为该问题涉及的法律点具有普遍意义或由于其他特殊原因应被上诉法院考虑,准许上诉,否则不得上诉。仲裁当事人经通知其他当事人和仲裁庭,可向法院提起对仲裁庭就其实质管辖权裁决的异议,或申请法院发布命令宣布仲裁庭就争议实体问题的裁决因仲裁庭没有管辖权而无效。法院可通过命令:确认裁决,更改裁决,或全部或部分撤销裁决。对法院的决定提起上诉,须经法院准许。被指称为仲裁当事人但未参与仲裁程序的人,可对是否存在有效仲裁协议,根据仲裁协议何种事项提交仲裁提出异议,请求法院宣告、发布禁令或提供其他适当救济,并有权向法院提起对仲裁庭就其实质管辖权裁决的异议,或申请法院发布命令宣布仲裁庭就争议实体问题的裁决因仲裁庭没有管辖权而无效。

根据《瑞典仲裁法》的规定,在仲裁过程中,当事人可以申请法院就仲裁协议的存在、有效性和范围作出决定。如仲裁员作出其对争议有管辖权的决定,对决定有异议的当事人可在收到该决定通知后 30 日内请求上诉法院对该决定进行审查。仲裁当事人还可以在收到仲裁裁决两个月内,以不存在有效的仲裁协议为理由,请求法院撤销仲裁裁决。

(二)法院对仲裁庭管辖权决定的审查标准

如仲裁庭就其管辖权作出肯定决定,法院对该决定的审查采用何标准,是形式审查标准还是实质审查标准。如仲裁庭就其管辖权作出否定决定,即认定仲裁协议不存在或无效,或认定争议事项不在仲裁协议范围内,法院是否可以对该否定决定进行司法审查,以及司法审查的标准。

根据《法国民事诉讼法典》的规定,法院对仲裁庭就其管辖权作出的决定采用实质审查标准。如仲裁庭就其管辖权作出否定决定,法院可以对该否定决定进行司法审查,采用实质审查标准。根据《瑞士国际私法法典》的规定,对仲裁庭就其管辖权作出的肯定决定或否定决定,法院均可以进行司法审查。根据《美国联邦仲裁法》的规定,对仲裁庭就其管辖权作出的肯定或否定决定,法院均可以进行司法审查,采用实质审查标准。

（三）约定仲裁庭就其管辖权有最终决定权协议的有效性

如当事人约定仲裁庭就其管辖权有最终决定权，此类协议是否有效，从而排除法院对仲裁庭就其管辖权决定的司法审查。美国承认此类协议的有效性，只要有表明存在此类协议的明确证据。

瑞士允许非瑞士主体协议放弃申请撤销仲裁裁决的权利。根据《瑞士国际私法法典》的规定，如果仲裁当事人在瑞士均无住所、惯常居所或商业机构，则可通过仲裁协议中的明示声明或随后的书面协议，放弃提起撤销仲裁裁决诉讼的权利，也可以限制撤销仲裁裁决的法定理由。《瑞典仲裁法》也有类似规定。法国法则更进一步，根据《法国民事诉讼法典》的规定，无论仲裁当事人是否为法国主体，均可通过具体协议，明示放弃提起撤销仲裁裁决诉讼的权利。

《仲裁法》没有赋予仲裁庭自裁管辖权，而是赋予仲裁机构决定仲裁案件管辖权的权力，法院也有决定仲裁案件管辖权的并行权力，在仲裁机构和法院的决定权发生冲突时，法院的决定权优先。该法规定当事人对仲裁协议的效力有异议时，可以请求仲裁机构作出决定或者请求法院作出裁定，一方请求仲裁机构作出决定，另一方请求法院作出裁定，由法院裁定。该法还对当事人对仲裁协议效力提出异议的期限作出规定，即在仲裁庭首次开庭前提出。最高人民法院的司法解释进一步规定，当事人在仲裁庭首次开庭前没有对仲裁协议的效力提出异议，而后向人民法院申请确认仲裁协议无效，人民法院不予受理。《仲裁法》也没有赋予法院对仲裁机构决定的最终审查权。最高人民法院的司法解释规定，仲裁机构对仲裁协议的效力作出决定后，当事人向人民法院申请确认仲裁协议效力或者申请撤销仲裁机构的决定，人民法院不予受理。

仲裁机构决定仲裁案件管辖权在实践中可能存在困难，有些案件需要在对实体问题进行审查后方能判定仲裁协议的有效性,从而决定仲裁案件的管辖权,而这是仲裁机构无法做到的。为此,我国一些仲裁机构采用了由仲裁机构授权仲裁庭决定仲裁案件管辖权的变通做法,如《中国国际经济贸易仲裁委员会仲裁规则》第 6 条规定:仲裁机构有权对仲裁协议的存在、效力以及仲裁案件的管辖权作出决定。如有必要,仲裁委员会也可以授权仲裁庭作出管辖权决定。仲裁机构依表面证据认为存在有效仲裁协议的,可根据表面证据作出仲裁机构有管辖权的决定,仲裁程序继续进行。仲裁机构依表面证据作出的管辖权决定并不妨碍其根据仲裁庭在审理过程中发现的与表面证据不一致的事实及/或证据重新作出管辖权决定。

关于法院对申请确认仲裁协议效力案件的管辖问题,《最高人民法院关于审理仲裁司法审查案件若干问题的规定》第 2 条规定,由仲裁协议约定的仲裁机构所在地、仲裁协议签订地、申请人住所地、被申请人住所地的中级人民法院或者专门人民法院管辖。最高人民法院还建立了国际商事仲裁案件司法审查的报核制度,规定各中级人民法院或者专门人民法院办理国际商事仲裁司法审查案件,经审查拟认定仲裁协议无效,应向辖区所属高级人民法院报核,高级人民法院经审查拟同意,应向最高人民法院报核。待最高人民法院审核后,方可依最高人民法院的审核意见作出裁定。

第六章　国际商事仲裁程序的启动和仲裁庭的组成

第一节　仲裁程序的启动

一、仲裁程序启动的标准

对仲裁程序启动的认定标准,各国法、仲裁规则的规定不尽相同,主要包括当事人约定仲裁程序开始日期,被申请人收到申请人发出的仲裁通知之日,仲裁机构收到仲裁申请书之日。

《英国仲裁法(1996 年)》对仲裁程序启动的认定标准进行了规定。首先尊重当事人意思自治,当事人可约定仲裁程序开始的时间。如当事人未约定仲裁程序开始的时间,则分为三种情况:其一,如在仲裁协议中已选定仲裁员,仲裁程序于以下时间开始:一方向另一方送达书面通知,要求向仲裁协议中选定的仲裁员提交争议。其二,如当事人需选定仲裁员,仲裁程序于以下时间开始:一方向另一方送达书面通知,要求其选定仲裁员或同意对仲裁员的选定。其三,如仲裁员需由非当事人的人选定,仲裁程序于以下时间开始:一方向该人发出书面通知,要求该人选定仲裁员。

《示范法》规定，除当事人另有约定，解决特定争议的仲裁程序，于被申请人收到将该争议提交仲裁的请求之日开始。联合国国际贸易法委员会仲裁规则规定，申请人应给予被申请人一项仲裁通知，仲裁程序应视为自被申请人收到仲裁通知之日起开始。

国际商会仲裁院仲裁规则规定，国际商会仲裁院秘书处收到仲裁申请书的日期应视为仲裁开始的日期。根据中国国际经济贸易仲裁委员会仲裁规则，仲裁程序自仲裁委员会仲裁院收到仲裁申请书之日起开始。

二、仲裁程序启动的法律效力

仲裁程序启动的法律效力是中断诉讼时效，当事人在诉讼时效内启动仲裁程序，构成中断诉讼时效的事由。

第二节 仲裁庭的组成

在当事人启动仲裁程序后，就需要选任仲裁员组成仲裁庭审理争议，这就涉及仲裁员的资质、组成仲裁庭的仲裁员人数、仲裁员的选任、回避和替换等问题。

一、仲裁员的资质

仲裁员的资质问题，一些国家国内法并没有作出规定，完全由当事人协议约定，一些国家的国内法有明确要求。

《示范法》规定，除非当事人另有协议，不应以所属国籍为由排除任何人担任仲裁员。《仲裁法》对仲裁员的资质有明确要求，规定仲裁机构应当从公道正派的人员中聘任仲裁员，且仲裁员需符合下列条件之一：(1)通过国家统一法律职业资格考试取得法律职业资格，从事仲裁工作满8年；(2)从事律师工作满8年；(3)曾任法官满8年的；(4)从事法律研究、教学工作并具有高级职称；(5)具有法律知识、从事经济贸易等专业工作并具有高级职称或者具有同等专业水平。

二、组成仲裁庭仲裁员人数

对组成仲裁庭仲裁员的人数，国内法和仲裁规则都尊重当事人意思自治，首先由当事人协议决定，在当事人没有约定的情况下，国内法和仲裁规则对组成仲裁庭仲裁员的人数作出填补性规定。

《示范法》规定，当事人可以自由确定仲裁员的人数，未作此约定，仲裁员的人数应为三名。《英国仲裁法(1996年)》规定，当事人可协议决定组成仲裁庭的仲裁员人数以及是否有主席或公断人。如就仲裁员人数未达成协议，则仲裁庭应由一名独任仲裁员组成。《仲裁法》规定，仲裁庭可以由三名仲裁员或者一名仲裁员组成。由三名仲裁员组成，设首席仲裁员。《联合国国际贸易法委员会仲裁规则》规定，各方当事人未事先约定仲裁员人数，并且在被申请人收到仲裁通知后30日内各方当事人未就只指定一名仲裁员达成约定，则应指定三名仲裁员。国际商会仲裁院仲裁规则规定，争议由一名独任仲裁员或由三名仲裁员裁决。当事人没有约定仲裁员人数，仲裁院应任命一名独任仲裁员，除非仲裁院认为案件争议需要指定三名仲裁员。中国国际经济贸易仲裁委员会仲裁规则规定，仲裁庭由一名或三名仲裁员组成，除非当事人另有约定或本规则另有规定，仲裁庭由三名仲裁员组成。

组成仲裁庭仲裁员的人数一般为奇数，这是为避免偶数仲裁员可能产生的僵局。如《英国仲裁法(1996 年)》规定,如协议约定仲裁员人数为两位或其他偶数,除当事人另有约定,应理解为需要任命一名额外的仲裁员担任仲裁庭主席。

三、仲裁员的选任、回避与替换

(一)仲裁员的选任

对仲裁员选任的方式,国内法和仲裁规则一般都尊重当事人意思自治,首先由当事人协议决定,在当事人没有约定的情况下,国内法和仲裁规则对仲裁员的选任方式作出填补性规定。仲裁员选任包括由当事人选任,仲裁员选定、机构指定和法院指定。

当事人选任仲裁员,如是独任仲裁员,一般由当事人就仲裁员人选达成协议。如仲裁员为三人,一般由两方当事人各指定一名仲裁员。第三名仲裁员由当事人共同选定,或由当事人指定的两名仲裁员共同选定。

如当事人未就独任仲裁员或第三名仲裁员的人选达成协议,或当事人指定的两名仲裁员未能共同选定第三名仲裁员,在机构仲裁的情况下,一般由仲裁机构指定独任仲裁员或第三名仲裁员。在临时仲裁的情况下,由当事人选定的仲裁员指定机构指定,如当事人未选定仲裁员指定机构,则由法院指定。

《示范法》规定,当事人可以自由约定指定一名或多名仲裁员的程序,未达成此种约定,在仲裁员为三名的仲裁中,由一方当事人指定一名仲裁员,并由如此指定的两名仲裁员指定第三名仲裁员;一方当事人在收到对方当事人提出指定仲裁员的要求后 30 日内未指定仲裁员,或两名仲裁员在被指定后 30 日内未就第三名仲裁员达成协议,经一方当事人请求,由仲裁地法院或其他机构加以指定;在独任仲裁员的仲裁中,当事人未就仲裁员达成协议的，经一方当事人请求，由仲裁地法院或其他机构加以指定。该法院或其他机构在指定仲裁员时应适当顾及当事人约定的仲裁员所需具备的任何资格，并适当顾及有可能确保指定独立和公正的仲裁员的考虑因素；在指定独任仲裁员或第三名仲裁员时，还应考虑指定一名非当事人国籍的仲裁员的可取性。《仲裁法》规定，当事人约定由三名仲裁员组成仲裁庭，应当各自选定或者各自委托仲裁机构主任指定一名仲裁员，第三名仲裁员由当事人共同选定或者共同委托仲裁机构主任指定。第三名仲裁员是首席仲裁员。当事人约定由一名仲裁员成立仲裁庭，应当由当事人共同选定或者共同委托仲裁机构主任指定仲裁员。当事人没有在仲裁规则规定的期限内约定仲裁庭的组成方式或者选定仲裁员，由仲裁机构主任指定。

国际商会仲裁院仲裁规则规定，如当事人约定由一名独任仲裁员解决争议，可以协议提名独任仲裁员供仲裁院确认。如在申请人的仲裁申请书为对方当事人收到之日起30日内，或在秘书处许可的延长期内，未能提名一名独任仲裁员，仲裁院将任命一名独任仲裁员处理案件。如当事人约定由三人仲裁庭解决争议，每一方当事人均应各自在其申请书或答辩书中提名一名仲裁员以供确认。当事人未提名仲裁员，由仲裁院任命。如争议由三人仲裁庭审理，担任首席仲裁员的第三名仲裁员由仲裁院任命，除非当事人约定另一种任命程序；通过当事人约定程序选定的第三名仲裁员应由仲裁院确认。仲裁院在确认或任命仲裁员时，应考虑各位仲裁员的国籍、住所、与当事人或其他仲裁员国籍国的其他关系，以及该仲裁员是否有时间和能力在本仲裁规则下进行仲裁。独任仲裁员或首席仲裁员的国籍应与各当事人的国籍不同。

根据中国国际经济贸易仲裁委员会仲裁规则，仲裁机构设置有仲裁员名册,当事人一般从仲裁员名册中选任仲裁员,但也允许当事人在仲裁员名册之外选任仲裁员。当事人约定在仲裁员名册之外选定仲裁员,当事人选定的或根据当事人约定指定的人士经仲裁机构主任确认后可以担任仲裁员。三人仲裁庭的组成,申请人和被申请人应各自在收到仲裁通知后15日内选定或委托仲裁机构主任指定一名仲裁员。当事人未在上述期限内选定或委托仲裁机构主任指定,由仲裁机构主任指定。第三名仲裁员由双方当事人在被申请人收到仲裁通知后15日内共同选定或共同委托仲裁机构主任指定。第三名仲裁员为仲裁庭的首席仲裁员。双方当事人可以各自推荐1~5名候选人作为首席仲裁员人选,提交推荐名单。双方当事人的推荐名单中有一名人选相同,该人选为双方当事人共同选定的首席仲裁员;有一名以上人选相同,由仲裁机构主任根据案件的具体情况在相同人选中确定一名首席仲裁员,该名首席仲裁员仍为双方共同选定的首席仲裁员;推荐名单中没有相同人选时,由仲裁机构主任指定首席仲裁员。选任独任仲裁员的程序与选任第三名仲裁员的程序相同。

(二)仲裁员的回避

1. 回避的理由

仲裁员回避的理由是对其公正性或独立性产生正当怀疑。《示范法》规定,只有存在引起对仲裁员的公正性或独立性产生正当怀疑的情况或仲裁员不具备当事人约定的资格时,才可以申请仲裁员回避。《英国仲裁法(1996年)》规定,当事人申请罢免仲裁员的理由之一为:存在引发对仲裁员公正性正当怀疑的情形。《法国民事诉讼法典》规定,仲裁员在接受指定时和接受指定后,应披露影响其独立性或公正性的情形。《仲裁法》规定:仲裁员有下列情形之一,必须回避,当事人也有权提出回避申请:(1)是本案当事人或者当事人、代理人的近亲属;(2)与本案有利害关系;(3)与本案当事人、代理人有其他关系,可能影响公正仲裁;(4)私自会见当事人、代理人,或者接受当事人、代理人的请客送礼。

国际律师协会的《国际商事仲裁利益冲突指南》(2014 年)将可能引发对仲裁员独立、公正合理怀疑的情形划分为红色名单、橙色名单和绿色名单。红色清单分为不可弃权红色清单和可弃权红色清单,前者是存在客观利益冲突的情形,这些情形不因当事人的同意而改变;后者是存在严重利益冲突的情形,仅在当事人知悉这些情形,明确表明同意该人担任仲裁员的情况下,方能对这些情形弃权。如不可弃权红色清单列明的情形包括:(1)当事人与仲裁员之间具有同一身份,或仲裁员是作为仲裁当事人的实体的法定代表人或雇员;(2)仲裁员是当事人或与仲裁裁决有直接经济利益的实体的经理、董事或监事会成员,或对当事人或该实体有控制权;(3)仲裁员在当事人处或对案件结果具有重大的财务或个人利益;(4)仲裁员或其律师事务所定期向当事人或该当事人的附属机构提供咨询,且该仲裁员或其律师事务所从中获得可观的财务收入。

2. 回避的程序

对仲裁员的回避,当事人通常应在知悉仲裁庭组成后的一定期限内提出回避申请。如当事人之后得知回避事由,需在获知该事由后的一定期限内提出回避申请。在当事人提出回避申请后,除被申请回避的仲裁员辞职或对方当事人同意所提出的回避,仲裁员是否回避由仲裁庭或仲裁机构决定。有的国家法律还允许当事人在其回避申请被驳回后,向法院提出仲裁员回避申请。

对仲裁员的回避程序,《示范法》尊重当事人意思自治,规定当事人可自由约定申请仲裁员回避的程序,如未达成此种约定,拟对仲裁员提出回避申请的当事人应在知悉仲裁庭组成后的 15 日内向仲裁庭提出书面陈述,说明提出回避申请的理由。除非被申请回避的仲裁员辞职或对方当事人同意所提出的回避,仲裁庭应就是否回避作出决定。提出回避申请的一方当事人可以在收到驳回其所提出的回避申请的决定通知后30日内,请求仲裁地法院或其他机构就是否回避作出决定,该决定不得上诉。《仲裁法》规定,当事人提出回避申请,应当说明理由,在首次开庭前提出。回避事由在首次开庭后知道的,可以在最后一次开庭终结前提出。仲裁员是否回避,由仲裁机构主任决定;仲裁机构主任担任仲裁员时,由仲裁委员会集体决定。

国际商会仲裁院仲裁规则规定,提请仲裁员回避均应向秘书处提交书面陈述,说明回避请求所依据的事实和情况。当事人应当在收到任命或确认该仲裁员的通知之后30日内提交要求仲裁员回避的申请,如当事人收到任命或确认该仲裁员通知后才得知申请回避所依据的事实和情况,则应在得知该事实和情况之日起30日内提交。仲裁院应对是否接受回避请求,以及必要情况下,在秘书处给予有关仲裁员、对方当事人和仲裁庭其他成员在适当期限内提出书面评论的机会后,对回避请求的实质问题作出决定。

中国国际经济贸易仲裁委员会仲裁规则规定,当事人收到仲裁员的声明书及/或书面披露后,如果以披露的事实或情况为理由要求该仲裁员回避,则应于收到仲裁员的书面披露后10日内书面提出。逾期没有申请回避的,不得以仲裁员曾经披露的事项为由申请该仲裁员回避。当事人对被选定或被指定的仲裁员的公正性和独立性产生具有正当理由的怀疑时,可以书面提出要求该仲裁员回避的请求,但应说明提出回避请求所依据的具体事实和理由,并举证。对仲裁员的回避请求应在收到组庭通知后15日内以书面形式提出;在此之后得知要求回避事由的,可以在得知回避事由后 15 日内提出,但应不晚于最后一次开庭终结。如果一方当事人请求仲裁员回避,另一方当事人同意回避请求,或被请求回避的仲裁员主动提出不再担任该仲裁案件的仲裁员,则该仲裁员不再担任仲裁员审理本案。上述情形并不表示当事人提出回避的理由成立。除前述情形外,仲裁员是否回避,由仲裁机构主任作出终局决定并可以不说明理由。在仲裁机构主任就仲裁员是否回避作出决定前,被请求回避的仲裁员应继续履行职责。

(三)仲裁员的替换

仲裁员需替换的情形包括仲裁员回避,仲裁员辞职,仲裁员无履行职责的法律行为能力或事实行为能力等。国际商会仲裁院仲裁规则将仲裁员替换的情形分为应替换仲裁员和可以替换仲裁员两类,仲裁员死亡、仲裁院接受仲裁员辞职、仲裁院支持当事人的回避申请,或仲裁院接受全体当事人要求,仲裁员应予替换;仲裁院认为仲裁员在法律上或事实上不能履行仲裁员职责,或未按照仲裁规则或未在规定期限内履行职责,可对该仲裁员予以替换。

替换仲裁员是否按照选任仲裁员的程序,《示范法》规定,应当依照指定被替换的仲裁员时应适用的规则来指定替代仲裁员。《英国仲裁法(1996 年)》规定,替换的仲裁员由当事人约定,如当事人未作约定,则适用选任仲裁员的程序。国际商会仲裁院仲裁规则规定替换仲裁员,是否按照原提名程序重新提名仲裁员由仲裁院斟酌决定。中国国际经济贸易仲裁委员会仲裁规则规定,替换仲裁员,适用选任仲裁员的程序。

仲裁员替换后,已进行的仲裁程序如何处理,通常由仲裁庭决定已进行的仲裁程序是否重新进行。《英国仲裁法(1996 年)》规定,仲裁庭(重组后)应确定先前的程序是否保留以及在何种程度上保留。《仲裁法》规定,当事人可以请求已进行的仲裁程序重新进行,是否准许,由仲裁庭决定;仲裁庭也可以自行决定已进行的仲裁程序是否重新进行。国际商会仲裁院仲裁规则规定,仲裁庭应对已经进行的程序作出是否以及在何种程度上重新进行的决定。中国国际经济贸易仲裁委员会仲裁规则规定,重新选定或指定仲裁员后,由仲裁庭决定是否重新审理及重新审理的范围。

四、仲裁庭秘书

国际商事机构的一般做法是,仲裁案件并不当然聘请仲裁庭秘书,仲裁庭如需聘请秘书可与当事人协商确定。我国内地仲裁机构在受理案件后,即指定一名案件秘书协助仲裁案件的程序管理。

根据联合国国际贸易法委员会《关于安排仲裁程序的说明》的规定,仲裁庭通常在大型或复杂的案件中聘请仲裁庭秘书。仲裁庭聘请秘书的流程一般是,仲裁庭向当事人表明聘请秘书的意向,并告知当事人秘书人选的信息、拟履行任务的性质,以及拟付报酬的数额,当事人需就秘书的任务和报酬数额达成一致。

秘书履行的职能可能仅限于行政性事务,如负责文件交接、安排庭审事宜,也可能包括专业协助,如法律检索,草拟程序决定,但秘书不能参与和介入仲裁庭决策。在行业仲裁中,因仲裁庭由行业专家组成,秘书可能需要就仲裁裁决提供法律建议。秘书也需保持公正和独立,有的仲裁机构也会要求秘书签署一份独立性和公正性声明。

香港国际仲裁中心发布的《仲裁庭秘书使用指南》规定,对仲裁庭秘书的指定、职责和报酬等作出规定。根据该指南,对仲裁庭秘书的指定,仲裁庭可在与各方当事人商议后,在仲裁程序的任何阶段指定仲裁庭秘书。被选择的秘书应在被指定前签署一份声明,确认其有协助仲裁庭的时间及其公正性与独立性,并披露任何可能导致对其公正性和独立性产生合理怀疑的情况。仲裁庭应披露秘书人选,并将秘书人选的简历、声明发送至各方当事人并征询其意见。在仲裁庭秘书被指定后,当事人可对该秘书的公正性或独立性提出异议。仲裁庭秘书的职责,仲裁庭秘书应依照仲裁庭的指示并在其严格的监管下行事。仲裁庭应始终为该秘书与仲裁相关的行为承担责任。仲裁庭不能将任何决策性的职能赋予仲裁庭秘书,或依赖该秘书履行任何仲裁庭应行使的核心职责。仲裁庭秘书可以履行组织和行政性职责:如代表仲裁庭传送文件和通信,整理和保管仲裁庭的案件资料及查找文件,组织开庭和会议,出席开庭和会议,记录或记时,校对和检查程序令、指令和裁决中的引用、日期与互见条目,以及纠正排印、语法或计算错误,准备、收集和发送仲裁庭的账单等。仲裁庭秘书可向仲裁庭提供的相关协助包括:进行法律或类似的研究,就仲裁庭确定的法律问题搜集判例法及出版的评论,核对当事各方引用的法律依据,以确保其为有关当事人论证议题的最新法律依据,研究与事实证据或证人证词相关的问题,准备判例法及出版物摘要,并撰写备忘录以概括当事各方的陈述及证据,遵照仲裁庭指示查找和收集相关事实材料,参加仲裁庭审议并作记录;以及为仲裁庭起草非实质性信函,以及仲裁庭指令、决定和裁决的非实质性部分(如程序历史和事件纪要)。仲裁庭秘书一般不能与任何当事人进行单方面联系,负有对仲裁程序及仲裁庭作出的任何决定进行保密的义务。仲裁庭应与当事人商议后决定仲裁庭秘书的费用。若仲裁庭的费用按照小时费率计算,仲裁庭秘书也应按小时收费。该秘书的费用不计入仲裁庭的费用。若仲裁庭的费用按照争议金额计算,仲裁庭秘书的费用则应当计入仲裁庭的费用。若仲裁庭由三名仲裁员组成,仲裁庭秘书的费用原则上应由仲裁庭成员平均分担。

第七章　国际仲裁程序的推进和法律适用

第一节　仲裁程序的主要步骤

仲裁程序如何进行，各国国内法通常尊重当事人意思自治，当事人可以约定仲裁庭进行仲裁的程序，如当事人未作出约定，通常赋予仲裁庭按照其认为适当的方式进行仲裁的裁量权。但仲裁程序应有基本的程序保障，当事人应被平等对待，且符合正当程序原则，即当事人应有充分机会陈述其案情。如《示范法》规定，当事人可以自由约定仲裁庭进行仲裁时应当遵循的程序。未达成此种约定，仲裁庭可以按照仲裁庭认为适当的方式进行仲裁。当事人应当受到平等待遇，并应当被给予充分的机会陈述其案情。

一般而言，国际商事仲裁程序的主要步骤如下。

一、申请仲裁

当事人申请仲裁需发出仲裁通知或仲裁申请书，仲裁通知或仲裁申请书的内容有仲裁协议、仲裁协议选择的仲裁规则和仲裁程序适用法律规定。仲裁程序适用法律通常对仲裁申请书内容没有专门规定。在临时仲裁的情况下,仲裁通知或仲裁申请书由申请人送达被申请人。在机构仲裁的情况下,仲裁申请书通常由仲裁机构送达被申请人。

联合国国际贸易法委员会仲裁规则设计了两步模式,申请人申请仲裁需向被申请人发送仲裁通知,在仲裁庭组成后提交仲裁申请书。仲裁通知的内容包括:(1)将争议提交仲裁的要求;(2)各方当事人的名称和联系方式;(3)仲裁协议;(4)指明引起争议的或与争议有关的任何合同或其他法律文书;(5)对仲裁请求的简单说明;(6)寻求的救济或损害赔偿;(7)对仲裁员人数、仲裁语言和仲裁地的建议。仲裁申请书的内容包括:(1)各方当事人的名称和联系方式;(2)支持仲裁请求的事实陈述;(3)争议点;(4)寻求的救济或损害赔偿;(5)支持仲裁请求的法律依据或观点。申请书应尽可能附具申请人所依据的所有文件和其他证据,或注明这些文件和证据的来源出处。

根据国际商会仲裁院仲裁规则,当事人申请仲裁需向国际商会仲裁院提交仲裁申请书,仲裁申请书的内容包括:(1)各方当事人的名称全称、基本情况、地址和其他联系信息;(2)在仲裁中代表申请人的任何人士的名称全称、地址和其他联系信息;(3)请求仲裁争议的性质及情况,以及提出请求的依据;(4)所请求的救济,连同任何已量化请求的数额,以及对其他任何请求可能得出的金额估值;(5)仲裁协议;(6)仲裁员人数及仲裁员选择方式的相关说明、意见或建议,提名的仲裁员人选;(7)关于仲裁地、适用的法律规则和仲裁语言的相关说明、意见或建议。申请人可以在提交申请书时,一并提交其认为适宜的或可能有助于有效解决争议的其他文件或信息,并支付申请费。

根据中国国际经济贸易仲裁委员会仲裁规则，当事人申请仲裁时应提交仲裁申请书，仲裁申请书包括以下内容：（1）申请人和被申请人的名称和住所，包括邮政编码、电话、传真、电子邮箱或其他电子通信方式；（2）申请仲裁所依据的仲裁协议；（3）案情和争议要点；（4）仲裁请求；（5）仲裁请求所依据的事实和理由。提交仲裁申请书的同时需提交请求所依据的证据材料，并预缴仲裁费。

二、答辩和反请求

被申请人在收到仲裁通知或仲裁申请书后，可以对仲裁通知进行答复，提交答辩书，还可以对被申请人提出反请求。对仲裁通知的回复、答辩书和反请求的内容由仲裁协议、仲裁协议选择的仲裁规则规定。

联合国国际贸易法委员会仲裁规则规定，对仲裁通知的答复内容包括：（1）每一被申请人的名称和联系方式；（2）对仲裁通知各项内容的回复。答辩书的内容为对仲裁申请书的答复。反请求包括的内容与仲裁申请书的内容相同。

国际商会仲裁院仲裁规则规定，答辩书的内容包括：（1）被申请人的名称全称、基本情况、地址和其他联系信息；（2）在仲裁中代表被申请人的任何人士的名称全称、地址和其他联系信息；（3）对于请求仲裁的争议的性质、情况以及请求依据的意见；（4）对于所请求的救济的答复；（5）基于申请人的建议，就确定仲裁员人数及仲裁员选择方式的任何意见或建议，以及提名的仲裁员人选；（6）关于仲裁地、适用的法律规则和仲裁语言的任何意见或建议。反请求的内容包括：（1）引起反请求的争议的性质及情况，以及提出反请求的依据；（2）所请求的救济，连同任何已量化的反请求数额，以及对任何其他反请求可能得出的金额估值；（3）仲裁协议，被申请人可以在提交反请求时,一并提交其认为适宜的或可能有助于有效解决争议的其他文件或信息。

中国国际经济贸易仲裁委员会仲裁规则规定,答辩书的内容包括:(1)被申请人的名称和住所;(2)对仲裁申请书的答辩及所依据的事实和理由;(3)答辩所依据的证据材料以及其他证明文件。反请求申请书的内容包括:反请求事项及其所依据的事实和理由,并附具有关的证据材料以及其他证明文件。

三、组成仲裁庭

当事人选任仲裁员组成仲裁庭审理争议是仲裁程序中非常重要的环节,需要根据仲裁案件的具体情况选择最为适合的仲裁员组成仲裁庭,仲裁员的专业水平决定了仲裁案件审理的质量。

关于仲裁庭的组成,详见本章第二节。

四、案件管理

仲裁庭组成后,通常会与当事人协商确定程序时间表,包括提交书面陈述,提交证据,如书证、物证、证人证言等。

联合国国际贸易法委员会《关于安排仲裁程序的说明》,列出了组织仲裁程序的事项参考清单,包括:仲裁语言,仲裁地,仲裁行政服务和仲裁费用的预交,书面陈述的提交,争点的确定,书面证据、物证、证人证言,庭审等。该说明规定,仲裁庭可根据情况召开初次程序会议,仲裁庭在会议上与当事人协商确定仲裁程序安排以及程序日程表,列明提交书面陈述、证人陈述、专家报告和书面证据的时间期限,以及暂定庭审时间。仲裁庭还可以在仲裁程序后续阶段举行其他程序会议,如预备会议,庭审前会议,在这些会议上仲裁庭可考虑是否需要进一步提交材料或证据,讨论庭审安排相关事宜,并可以随着仲裁程序的进展相应更新程序日程表。

对于案件管理,国际商会仲裁院仲裁规则设置了审理范围书和案件管理会议机制。仲裁庭基于当事人提交的文件,拟定一份文件界定其审理范围,内容包括:(1)当事人各自的请求和所请求的救济摘要,任何已量化的请求数额,以及对任何其他请求可能得出的金额估值;(2)待决事项清单;(3)仲裁地;(4)可适用程序规则的详细说明。在拟订审理范围书时或在拟订后,仲裁庭应召集案件管理会议,与当事人协商可以采取的程序措施,上述会议期间或之后,仲裁庭应制定一份程序时间表。该程序时间表及其任何修改内容均应通知仲裁院和各方当事人。案件管理会议可以采用到场出席、视频会议、电话或类似通信方式进行。

中国国际经济贸易仲裁委员会仲裁规则规定,仲裁庭认为必要时可以就所审理的案件发布程序令、发出问题单、制作审理范围书、举行庭前会议等。

五、开庭审理

各国仲裁法律和国际商事仲裁机构仲裁规则通常都赋予当事人请求开庭的权利,在当事人没有请求的情况下,仲裁庭也可以决定开庭。如《英国仲裁法(1996 年)》规定除当事人另有约定外,仲裁庭有权决定程序事项,包括程序在何时何地进行。

基于仲裁程序效率的考虑,开庭通常集中举行一次,开庭的时长主要取决于问题和证据的复杂性,以及讯问证人的数量,可能持续几天或数月。

在开庭前有书面陈述、证人陈述、专家报告和其他书面证据的充分交换。在开庭日期之前的一定日期将不再允许提交证据,以防止证据偷袭,以便仲裁庭和当事人各方充分了解对方的立场和证据。经书面陈述和证据交换,当事人据此对仲裁案件的结果进行评估,很多案件在尚未开庭之前就达成和解,或者撤销仲裁申请,或者请求仲裁庭根据和解协议的内容作出裁决书。

开庭审理的目的主要是质证和口头辩论。开庭的口头陈述顺序由仲裁庭安排,通常开庭过程中,各方当事人的代理律师将做开庭陈述,针对对方的观点进行辩论,讯问证人,仲裁庭提问,各方当事人的代理律师作总结发言。为公平公正,各方当事人的陈述总时长大约相当。

对证人证言的质证包括己方律师对己方证人的讯问,对方律师对己方证人的交叉询问,如有进一步澄清的必要,己方律师还可以对己方证人再进行讯问。

开庭审理期间,仲裁庭会和当事人讨论庭后提交文件和提交文件时间的问题。当事人通常会在庭后提交书面陈述,对开庭审理中提出的观点进一步深化。

六、作出仲裁裁决

在仲裁庭不是独任仲裁员的情况下,仲裁庭在开庭审理后会进行合议,仲裁庭通常会达成一致意见,一般由首席仲裁员起草仲裁裁决,申请人和被申请人选任的仲裁员对仲裁裁决草稿提出评论和建议,首席仲裁员基于前述评论和建议对仲裁裁决进行修改,定稿后由各位仲裁员签字,最终送达当事人。

多名仲裁员组成的仲裁庭如不能形成多数意见,则裁决依首席仲裁员的意见作出。国际商会仲裁院仲裁规则规定,仲裁庭由数名仲裁员组成,应根据多数意见作出裁决。如果不能形成多数意见,裁决将由首席仲裁员独自作出。中国国际经济贸易仲裁委员会仲裁规则规定,由三名仲裁员组成的仲裁庭审理的案件,裁决依全体仲裁员或多数仲裁员的意见作出。仲裁庭不能形成多数意见时,裁决依首席仲裁员的意见作出。其他仲裁员的书面意见应附卷,并可以附在裁决书后,该书面意见不构成裁决书的组成部分。

七、仲裁与调解相结合

在其他国家,仲裁与调解一般是分开进行的。如新加坡国际仲裁中心和新加坡国际调解中心,分别负责国际商事争议的仲裁和调解。新加坡国际仲裁中心和新加坡国际调解中心合作,设计了仲裁—调解—仲裁模式。在这种模式下,当事人可以协议将国际商事争议提交新加坡国际仲裁中心仲裁,在仲裁程序启动后,努力通过新加坡国际调整中心主持的调解解决争议,经调解如能达成和解协议,仲裁庭可根据和解协议的内容作出裁决书。

仲裁与调解相结合是我国仲裁的一大特色,在仲裁各方当事人有调解意愿的情况下,仲裁庭可以在仲裁程序中对案件进行调解。双方当事人经仲裁庭调解达成和解,签订和解协议,可以请求仲裁庭根据当事人和解协议的内容作出裁决书或制作调解书。《仲裁法》就调解与仲裁相结合作出了规定,仲裁庭在作出裁决前,可以先行调解。当事人自愿调解,仲裁庭应当调解。调解不成,应当及时作出裁决。调解达成协议,仲裁庭应当制作调解书或者根据协议的结果制作裁决书。调解书与裁决书具有同等法律效力。调解书应当写明仲裁请求和当事人协议的结果。调解书由仲裁员签名,加盖仲裁委员会印章,送达双方当事人。调解书经双方当事人签收后,即发生法律效力。在调解书签收前当事人反悔,仲裁庭应当及时作出裁决。

中国国际经济贸易仲裁委员会仲裁规则就调解和仲裁相结合规定了两种情况:第一种情况是在仲裁过程中仲裁庭对案件进行调解或当事人自行和解,签订和解协议,撤回仲裁请求或反请求,或请求仲裁庭根据当事人和解协议的内容作出裁决书或制作调解书;第二种情况是当事人在仲裁程序开始前自行和解或经调解达成和解,希望按和解协议的内容作成仲裁协议。这种情况下,当事人可以依据仲裁机构的仲裁协议及当事人的和解协议,请求仲裁机构组成仲裁庭,按照和解协议的内容作出仲裁裁决。

第二节　网络仲裁方式

网络仲裁方式原本只在互联网商事争议案件中进行探索,联合国国际贸易法委员会也仅就跨境电子商务争议发布了《关于网上争议解决的技术指引》。在新型冠状病毒疫情影响下,知名国际商事仲裁机构在疫情期间为避免程序延误,都推出了程序指引,积极采用网络立案和庭审。在后疫情时代,网络仲裁方式具有高效、经济和便捷的优势,注定不是昙花一现,而是会被越来越多的国际商事仲裁案件所采用。

新型冠状病毒疫情期间,国际商事仲裁机构采用网络仲裁方式,以应对当事人和仲裁员因各国防疫措施、跨境人员流动限制,无法通过线下仲裁方式审理和参与国际商事仲裁案件的情况。这就给了网络仲裁方式一个让大量仲裁员和当事人体验的契机。在此过程中,网络仲裁方式高效、经济和便捷的用户体验,让学界和实务界都认识到,网络仲裁方式并非只是便宜之计,而是可以成为常规的仲裁方式。为此,一些知名国际商事仲裁机构如国际商会仲裁院、伦敦国际仲裁院在其最新版仲裁规则中都明确规定了庭审方式包括网络庭审方式。国际商会仲裁院2021年版仲裁规则明确规定仲裁庭经征询当事人意见,在考虑案件的相关事实和情形后,可决定采用线下庭审或线上庭审方式,如通过电话会议,电视会议或其他通信技术。伦敦国际仲裁院于2020年10月1日生效的仲裁规则明确规定线上庭审为庭审方式之一,庭审方式不仅包括线下庭审,也包括线上庭审,如通过电话会议,电视会议或其他通信技术(或组合方式)。

就国际商事仲裁案件而言,对网络仲裁方式的质疑主要包括仲裁程序与当事人的约定不符,以及当事人的正当权利无法得到保障,这些都是《纽约公约》不予承认和执行仲裁裁决的事由。网络仲裁方式需要回应这些质疑,以避免仲裁裁决面临不予承认和执行的风险。如果仲裁程序与当事人的约定不符,当事人的约定包括仲裁协议和仲裁协议约定的仲裁规则,一方当事人可能以仲裁协议中未约定,以及仲裁规则中未规定网络仲裁方式为由主张网络仲裁方式与当事人的约定不符。国际商事仲裁机构仲裁规则通常都赋予仲裁庭对审理方式的决定权,规定仲裁庭可以按照其认为适当的方式审理案件。网络仲裁方式是仲裁案件审理的一种具体方式,既然仲裁规则赋予仲裁庭对审理方式的决定权,也就意味着仲裁庭可以决定采用网络仲裁方式。因此,仲裁庭决定采用网络仲裁方式是符合仲裁规则规定的,当事人既然在仲裁协议中纳入了仲裁规则,也就是和当事人约定相符的。前述一些知名的国际商事仲裁机构在其最新版仲裁规则中都明确规定了庭审方式包括网络庭审方式,这就进一步确认了仲裁庭可决定采用网络仲裁方式的权利。仲裁庭在决定是否采用网络仲裁方式时,通常需要征询当事人的意见,但无须当事人同意。在当事人反对的情况下,仲裁庭仍可以决定在线庭审,但需考虑当事人不同意在线开庭的理由是否正当,仲裁裁决根据所适用的仲裁程序法是否具有可执行性等相关情形。

关于当事人的正当权利保障，在当前网络通信技术条件下，网络庭审与线下庭审并无实质性差异。仲裁庭和当事人可以实时交流，书证、物证等均可以转化为电子方式质证。讯问证人可以通过多机位等手段确保证人单独在场，避免受他人操控、串供等，甚至还可以更为细致地查看证人的面部表情和肢体动作。如需翻译，则同声传译或交叉传译均可满足。当事人的正当程序权利应能得到保障，也不会影响案件的公正裁决。法院跨境远程证人作证屡见不鲜，国际仲裁地法院对于网络庭审方式也采取开放的态度，认为网络庭审不影响对当事人正当权利的保障，即使在一方当事人反对的情况下，只要其没有合理的理由，仲裁庭依然可以进行网络庭审。经网络庭审产生的仲裁裁决，不会因当事人的正当权利未得到保障的理由而被撤销。

第三节　临时措施

一、临时措施的定义

《示范法》对临时措施作出了界定，临时措施是以裁决书或其他形式发布的短期措施，仲裁庭在发出最后裁定争议的裁决书之前，以这种措施责令一方当事人实施以下行为：在争议得以裁定之前维持现状或恢复原状；采取行动防止目前或即将对仲裁程序发生的危害或损害，或不采取可能造成这种危害或损害的行动；保全资产以供执行后继裁决；或保全对解决争议可能具有相关性和重要性的证据。

赋予仲裁庭发布临时措施的权力，目的是保障仲裁程序的顺利进行，避免当事人的行为对仲裁程序造成损害，证据灭失，以及仲裁裁决因财产转移无法得到执行。

各国仲裁法通常都赋予仲裁庭发布临时措施的权力。国际商事仲裁机构仲裁规则也对仲裁庭发布临时措施作出规定。国际商会仲裁院仲裁规则规定：案卷移交仲裁庭后，经当事人申请，仲裁庭可以裁令实施其认为适当的临时措施或保全措施。仲裁庭可以要求提出请求的当事人提供适当的担保，以作为裁令采取该等措施的条件。中国国际经济贸易仲裁委员会仲裁规则规定，经一方当事人请求，仲裁庭依据所适用的法律或当事人的约定可以决定采取其认为必要或适当的临时措施，并有权决定由请求临时措施的一方当事人提供适当的担保。

《仲裁法》没有赋予仲裁庭发布临时措施的权力，只有法院能够采取保全措施。当事人如需申请保全措施，仲裁机构需将当事人的申请提交人民法院。

二、仲裁庭发布临时措施的条件

仲裁庭应当事人的申请发布临时措施，可能给另一方当事人造成损害，因此仲裁庭发布临时措施有严格的条件限制。《示范法》规定，当事人请求仲裁庭发布临时措施要向仲裁庭证明，不下令采取这种措施可能造成的损害无法通过损害赔偿充分补偿，且远大于准予采取这种措施可能对其所针对的当事人造成的损害；以及根据索赔请求所依据的案情，请求方当事人有相当大的胜诉可能。

仲裁庭是否发布临时措施由仲裁庭自行裁量决定，仲裁庭可以要求申请临时措施的当事人提供与这种措施有关的适当担保。

三、临时措施的承认和执行

仲裁庭发布临时措施,如当事人未能自觉履行,则需要向法院申请执行,如涉及境外财产或行为,还需要跨境执行。

《示范法》规定,仲裁庭发布的临时措施具有约束力,经申请法院应予以执行。境外发布的临时措施,法院也应予以承认和执行。法院拒绝承认和执行临时措施的理由包括两类:第一类,应临时措施所针对的当事人请求而认定的理由,包括因仲裁协议无效,仲裁程序违反正当程序,仲裁裁决处理争议事项包含提交仲裁范围以外事项,仲裁庭的组成或仲裁程序与当事人约定或仲裁地法律不符而拒绝执行临时措施是正当的;未按仲裁庭要求对临时措施提供担保,该临时措施已被终结或中止。第二类,法院主动认定的理由,包括临时措施不符合法律赋予法院的权力,争议事项不具有可仲裁性,承认和执行临时措施与执行地的公共政策相抵触。法院不应对临时措施的实质内容进行审查。

在实践中,仲裁地法院执行仲裁庭发布的临时措施一般没有障碍。但是,在仲裁地法院以外的法院申请跨境承认或执行临时措施则是非常困难的。仲裁庭发布临时措施的命令或裁决是否属于《纽约公约》中的裁决,存在争议。因此,仲裁庭发布临时措施的命令或裁决通常无法根据《纽约公约》获得承认和执行。

为保障内地和香港仲裁程序中发布的临时措施的顺畅执行,最高人民法院与香港特别行政区政府签署了《关于内地与香港特别行政区法院就仲裁程序相互协助保全的安排》(以下简称《香港保全安排》)对仲裁中的保全协助作出了规定,这是内地与其他法域签署的第一份有关仲裁保全协助的文件。《香港保全安排》中保全的范围为:内地包括财产保全、证据保全、行为保全,香港特别行政区包括强制令以及其他临时措施,以在争议得以裁决之前维持现状或者恢复原状、采取行动防止目前或者即将对仲裁程序发生的危害或者损害,或者不采取可能造成这种危害或者损害的行动、保全资产或者保全对解决争议可能具有相关性和重要性的证据。对香港仲裁程序的界定为:以香港特别行政区为仲裁地,且由在香港特别行政区设立或者总部设于香港特别行政区,并以香港特别行政区为主要管理地的仲裁机构;我国加入的政府间国际组织在香港特别行政区设立的争议解决机构或常设办事处;其他仲裁机构在香港特别行政区设立的争议解决机构或者常设办事处管理。根据《香港保全安排》的规定,内地仲裁机构管理的仲裁程序的当事人,在仲裁裁决作出前,依据香港特别行政区《仲裁条例》《高等法院条例》的规定,向香港特别行政区高等法院申请保全。香港仲裁程序的当事人,在仲裁裁决作出前,参照《民事诉讼法》《仲裁法》以及相关司法解释的规定,向被申请人住所地、财产所在地或者证据所在地的内地中级人民法院申请保全。当事人在有关机构或者常设办事处受理仲裁申请后提出保全申请,由该机构或者常设办事处转递其申请。在有关机构或者常设办事处受理仲裁申请前也可以提出保全申请,内地人民法院采取保全措施后 30 日内未收到有关机构或者常设办事处提交的已受理仲裁案件的证明函件,内地人民法院将解除保全。内地人民法院可以要求申请人提供担保等,香港特别行政区法院可以要求申请人作出承诺、就费用提供保证等。

继《香港保全安排》于 2019 年 10 月 1 日起生效,最高人民法院与澳门特别行政区政府签署的《关于内地与澳门特别行政区就仲裁程序相互协助保全的安排》(以下简称《澳门保全安排》)于 2022 年 3 月 25 日实施。《澳门保全安排》内容与《香港保全安排》内容类似。《澳门保全安排》中保全的范围为:在内地包括财产保全、证据保全、行为保全;在澳门特别行政区包括为确保受威胁的权利得以实现而采取的保存或者预行措施。对澳门仲裁程序的界定为:按照澳门特别行政区仲裁法规向澳门特别行政区仲裁机构提起的民商事仲裁程序。根据《澳门保全安排》的规定,依据《仲裁法》向内地仲裁机构提起民商事仲裁程序的当事人,在仲裁裁决作出前,可以根据澳门特别行政区的法律规定,向澳门特别行政区初级法院申请保全。

四、法院提供的临时措施救济

各国法律通常赋予法院就仲裁程序发布临时措施的权力。《示范法》规定:法院发布与仲裁程序有关的临时措施的权力应当与法院在法院诉讼程序方面的权力相同,无论仲裁程序的进行地是否在本国境内。法院均应当根据自己的程序,在考虑国际仲裁的具体特征的情况下行使这一权力。

法院发布与仲裁程序有关的临时措施与仲裁庭发布的临时措施相比主要有三点不同:一是法院可应仲裁当事人申请,随时发布临时措施,而仲裁庭只有在组庭后方能发布临时措施。二是法院可以针对第三人发布临时措施,仲裁庭因管辖权基于仲裁协议,只能针对仲裁当事人发布临时措施。三是法院具有执行临时措施的权力,而仲裁庭则没有此类权力,当事人如不自动履行临时措施,只能向法院申请执行临时措施。

五、紧急仲裁员机制

为解决仲裁程序启动到仲裁庭组成前这段时间,当事人因情况紧急需要申请临时措施以保障仲裁程序的顺利进行,一些国际商事仲裁机构设计了紧急仲裁员机制。

国际商会仲裁院仲裁规则专门设计了紧急仲裁员规则,规定当事人如要启动紧急仲裁员机制,需向秘书处提交紧急措施请求书。仲裁院院长通常在秘书处收到请求书起两日内,任命紧急仲裁员。任命后紧急仲裁员,秘书处应立即通知当事人,并应将案卷移交给紧急仲裁员。紧急仲裁员通常在案卷移交给紧急仲裁员起两日内,制定一份紧急仲裁员程序的程序时间表。紧急仲裁员的决定应不迟于案卷交给紧急仲裁员之日起15日内作出。紧急仲裁员不得在任何与导致提交请求书的争议有关的仲裁中担任仲裁员。

中国国际经济贸易仲裁委员会仲裁规则也专门设置了紧急仲裁员程序,规定申请紧急仲裁员程序的当事人应在仲裁庭组成之前,向仲裁院提交紧急仲裁员程序申请书。根据申请人提交的申请书、仲裁协议及相关证据,仲裁院经初步审查决定适用紧急仲裁员程序,仲裁院院长应在收到申请书及申请人预付的紧急仲裁员程序费用后一日内指定紧急仲裁员。仲裁院应立即将受理通知及申请人的申请材料一并移交给指定的紧急仲裁员及被申请采取紧急性临时救济措施的当事人。紧急仲裁员应尽可能在接受指定后两日内,制定一份紧急仲裁员程序事项安排。紧急仲裁员的权力以及紧急仲裁员程序至仲裁庭组庭之日终止。紧急仲裁员决定应在紧急仲裁员接受指定后15日内作出。

第四节 追加当事人与合并仲裁

国际商事仲裁案件中可能涉及多方当事人,多个合同,为了尽可能在一个案件中解决关联争议,以提高效率,节约成本,并避免多个案件可能产生相互冲突的裁判结果,国际商事仲裁规则作出了追加当事人和合并仲裁的安排。同时,仲裁又是以当事人意思自治为基础的,因此前述安排要充分考虑相关仲裁协议、当事人意愿,在效率和意思自治之间维持平衡。

一、追加当事人

追加当事人是指将新的当事人加入现有仲裁程序。当事人可能为明确其权利义务,或为避免相互矛盾的裁决而要求追加新的当事人。有些仲裁规则要求,被追加的当事人需是受案涉仲裁协议约束的人,有些仲裁规则较宽松,不要求被追加的当事人受案涉仲裁协议约束,而只需该当事人受也对现有各方当事人有约束力的另一项相关仲裁协议的约束。

1. 申请追加当事人的时间

追加当事人的申请应尽早提出,以减少对现有仲裁程序和当事人的不利影响。仲裁规则通常对仲裁庭组成后追加当事人有所限制。

根据国际商会仲裁院仲裁规则的规定,如任何当事人希望追加仲裁当事人,应向秘书处提交针对该追加当事人的仲裁申请书,秘书处收到追加仲裁当事人申请之日应视为针对该追加当事人的仲裁开始之日。在确认或任命任何仲裁员之后,不得再追加仲裁当事人,除以下两种情形:(1)包括追加当事人在内的全体当事人另行同意;(2)任何在确认或任命任何仲裁员之后作出的追加仲裁当事人的申请,应当由仲裁庭在组庭后作出决定。

根据中国国际经济贸易仲裁委员会仲裁规则的规定,在仲裁程序中,一方当事人依据表面上约束被追加当事人的案涉仲裁协议可以向仲裁委员会申请追加当事人。在仲裁庭组成后申请追加当事人的,如果仲裁庭认为确有必要,应在征求包括被追加当事人在内的各方当事人的意见后,由仲裁委员会作出决定。

2. 追加当事人应当考虑的因素

当事人提出追加当事人申请，仲裁机构或仲裁庭会综合考虑对当事人、仲裁程序的影响，以决定是否同意追加。

国际商会仲裁院仲裁规则规定，仲裁庭在决定该等追加仲裁当事人申请时，应当考虑所有相关情况，包括仲裁庭是否对追加当事人具有初步管辖权、追加当事人申请提出的时机、潜在利益冲突与追加当事人对仲裁程序的影响。

联合国国际贸易法委员会《关于安排仲裁程序的说明》建议，在决定是否追加当事人时，应考虑程序效率提高或降低的可能（包括可能的延误）、新加入的当事人是否相关、对现有各方当事人是否公平，对任何当事人是否造成损害，以及仲裁庭自身的权限和仲裁庭的构成方式。

3. 追加当事人对仲裁庭组成的影响

在仲裁庭组成前，被追加的当事人和现有当事人一样享有选任仲裁员的权利。在仲裁庭组成后，追加当事人是否会对仲裁庭组成产生影响，这涉及被追加当事人与现有当事人的利益平衡问题。

对此，国际商事仲裁机构的规则有不同规定。有的规则规定追加当事人不得影响仲裁庭的组成，如国际商会仲裁院仲裁规则规定，任何在确认或任命任何仲裁员之后作出的追加仲裁当事人的申请，应当以追加的当事人接受仲裁庭的组成并同意审理范围书（如有）为前提。有的规则规定，被追加的当事人可以要求选任仲裁员，改变仲裁庭的组成。如中国国际经济贸易仲裁委员会仲裁规则规定，在仲裁庭组成后决定追加当事人，仲裁庭应就已经进行的包括仲裁庭组成在内的仲裁程序征求被追加当事人的意见。被追加的当事人要求选定或委托仲裁委员会主任指定仲裁员，双方当事人应重新选定或委托仲裁委员会主任指定仲裁员。

二、合并仲裁

合并仲裁是将基于多个关联合同提起的多个仲裁案件合并为一个仲裁案件,意图在一个案件中解决关联合同引发的多个争议。合并仲裁需经当事人请求,由仲裁机构决定。如仲裁机构决定合并仲裁,合并的仲裁案件通常合并至最先开始仲裁程序的仲裁案件。

1. 合并仲裁的条件

根据国际商事仲裁机构的规则,仲裁案件满足合并仲裁的条件一般包括:(1)所有案件的当事人均同意合并仲裁;(2)各仲裁案的所有仲裁请求依据同一份或多份仲裁协议;(3)各案仲裁请求依据多份仲裁协议提出,该多份仲裁协议内容相容,且各案当事人相同、各争议涉及的法律关系性质相同。

中国国际经济贸易仲裁委员会仲裁规则还进一步扩大了合并仲裁案件的范围,规定:各案仲裁请求依据多份仲裁协议提出,该多份仲裁协议内容相同或相容,且涉及的多份合同为主从合同关系,这些案件也可合并仲裁。也即如满足前述条件,即使各案当事人、各争议所涉及的法律关系性质不同,案件也可合并仲裁。

2. 合并仲裁应当考虑的因素

经当事人申请,仲裁机构决定是否合并仲裁通常会考虑当事人的意见、各仲裁案件的关联性,以及各仲裁案件的仲裁庭组成情况。

联合国国际贸易法委员会《关于安排仲裁程序的说明》建议,决定合并仲裁需考虑:合并是否由一方当事人提出;合并是否为各方当事人同意;争议的产生涉及的法律关系是否相同;争议如涉及多项仲裁协议,这些协议是否相互兼容;以及是否已在其中任何仲裁中指定仲裁庭。

国际商会仲裁院仲裁规则规定，在决定是否可以合并仲裁时，仲裁院可考虑其认为相关的各种情况，包括有无一名或多名仲裁员已经在一个以上仲裁案中得到确认或任命，所确认或任命的是相同人员还是不同人员。

中国国际经济贸易仲裁委员会仲裁规则规定，在决定合并仲裁时，仲裁委员会应考虑各方当事人的意见及相关仲裁案件之间的关联性等因素，包括不同案件的仲裁员的选定或指定情况。

第五节　仲裁程序和仲裁实体问题的法律适用

一、仲裁程序的法律适用

当事人可以协议选择仲裁程序的适用法，如当事人未协议选择仲裁程序的适用法，则默认适用仲裁地法律。

当事人如协议选择仲裁地外法域的法律作为仲裁程序的适用法，也无法排除仲裁地相关程序法强制条款的适用，因此当事人通常不就仲裁程序的适用法进行协议选择，而是默认适用仲裁地法律。

二、仲裁实体问题的法律适用

当事人可以协议选择仲裁实体问题的适用法，如当事人未协议选择仲裁实体问题的适用法，仲裁法律和仲裁规则通常都赋予仲裁庭确定仲裁实体问题适用法的权力。

例如，《示范法》规定，仲裁庭应当依照当事人选择的适用于争议实体的法律规则对争议作出决定。如果当事人没有指定任何适用法律，仲裁庭应当适用其认为适用的法律冲突规范所确定的法律。国际商会仲裁院仲裁规则规定,当事人有权自由约定仲裁庭处理案件实体问题所应适用的法律规则。当事人对此没有约定的,仲裁庭将决定适用其认为适当的法律规则。中国国际经济贸易仲裁委员会仲裁规则规定,当事人对于案件实体适用法有约定的,从其约定。当事人没有约定或其约定与法律强制性规定相抵触的,由仲裁庭决定案件实体的法律适用。

仲裁庭确定仲裁实体问题适用法,有的是直接确定仲裁实体问题的适用法律,有的则分为两步,首先确定适用的冲突法规则,再根据冲突法规则的指引,确定仲裁实体问题适用的具体法律。仲裁庭与法院不同,法院在涉及冲突法的问题,通常适用法院地的冲突法规则确定案件实体问题的准据法。对国际商事仲裁案件而言,不存在法院地,仲裁法律通常授权仲裁庭适用其认为适当的冲突法规则。仲裁庭确定冲突法规则没有明确的标准,实践中有可能选择仲裁地的冲突法规则,或与该案件有最密切联系地的冲突法规则。

第八章　国际商事仲裁裁决的撤销

第一节　国际商事仲裁裁决的分类

国际商事仲裁裁决可以分为最终裁决、部分裁决、中间裁决和合意裁决。

1. 最终裁决

最终裁决，是指仲裁庭就全部仲裁事项作出的终局性裁决，该裁决具有强制执行力。裁决书内容通常包括仲裁请求、争议事实、裁决理由、裁决结果、仲裁费用的承担、裁决的日期和地点，并由仲裁员署名。国内仲裁机构通常还加盖仲裁机构的印章。如仲裁庭由多名仲裁员组成，裁决依多数仲裁员意见作出，少数仲裁员的书面意见可以附在裁决书后。仲裁庭不能形成多数意见时，裁决依首席仲裁员的意见作出。其他仲裁员的书面意见可以附在裁决书后。

2. 部分裁决

部分裁决，是指仲裁庭就一些仲裁事项先行作出的裁决，就这些仲裁事项，该裁决也是终局性的。部分裁决一般是经当事人请求仲裁庭同意，或仲裁庭认为有必要时作出。

3. 中间裁决

中间裁决,是指对一些初步问题作出的裁决,如仲裁庭的管辖权、法律适用、合同条款解释,以及发布临时措施的裁决。

4. 合意裁决

当事人在仲裁过程中,经调解达成和解协议或自行达成和解协议,但和解协议没有强制执行力,为督促当事人自动履行和解协议,赋予和解协议强制执行力,可以请求仲裁庭按照和解协议的内容作出仲裁裁决,这样的仲裁裁决就是合意裁决。

国际商会仲裁院仲裁规则规定,若当事人在案卷移交仲裁庭之后达成和解,经当事人要求并经仲裁庭同意,应将其和解内容以和解裁决的形式录入裁决书。中国国际经济贸易仲裁委员会仲裁规则规定,当事人经调解达成或自行达成和解协议,可以撤回仲裁请求或反请求,也可以请求仲裁庭根据当事人和解协议的内容作出裁决书。当事人在仲裁程序开始之前自行达成或经调解达成和解协议,可以依据由仲裁委员会仲裁的仲裁协议及其和解协议,请求仲裁委员会组成仲裁庭,按照和解协议的内容作出仲裁裁决。除非当事人另有约定,仲裁委员会主任指定一名独任仲裁员成立仲裁庭,由仲裁庭按照其认为适当的程序进行审理并作出裁决。

第二节　国际商事仲裁裁决的撤销

国际商事仲裁裁决作出后立即生效,对仲裁当事人具有法律约束力。法院对于国际商事仲裁有一定的司法监督权,这体现为仲裁当事人可以请求法院审查仲裁庭的管辖权,提请法院撤销仲裁裁决,在法院执行仲裁裁决时,被执行人可以请求法院不予执行仲裁裁决。

在《纽约公约》框架下,仲裁地法院享有对撤销国际商事仲裁裁决申请的管辖权。撤销国际商事仲裁裁决并没有统一的国际标准,仲裁地法院依据仲裁地法律判定是否撤销国际商事仲裁裁决。

仲裁地法律撤销仲裁裁决的理由通常是程序性事项,主要包括:不存在有效的仲裁协议,因而仲裁庭对仲裁事项不具有管辖权;违反对当事人的正当程序保障,当事人无机会陈述案情;仲裁庭组成或仲裁程序违反当事人约定或法律规定;裁决的事项超出当事人约定仲裁的事项;仲裁事项不具有可仲裁性;仲裁裁决违反公共政策。但有一些仲裁地的法律规定了撤销国际商事仲裁裁决的实体理由,如基于《美国联邦仲裁法》发展出的因仲裁庭明显忽视法律而撤销仲裁裁决。《英国仲裁法(1996 年)》规定,当事人可就仲裁裁决的法律问题而申请撤销仲裁裁决。

根据《示范法》的规定,撤销国际商事仲裁裁决的理由分为两类:第一类是当事人需提出证据证明的理由,第二类是法院需主动查明的理由。第一类理由包括:仲裁协议当事人有某种无行为能力情形,或根据各方当事人同意遵守的法律或在未指明法律的情况下根据本国法律,该协议是无效的;未向提出申请的当事人发出指定仲裁员的适当通知或仲裁程序的适当通知,或因他故致使其不能陈述案情;或裁决处理的争议不是提交仲裁时意图裁定的事项或不在提交仲裁的范围之列,或者裁决书中内含对提交仲裁的范围以外事项的决定;如果对提交仲裁的事项所作的决定可以与对未提交仲裁的事项所作的决定进行划分,仅可以撤销含有对未提交仲裁的事项所作的决定的那部分裁决;或仲裁庭的组成或仲裁程序与当事人的约定不一致,除非此种约定与当事人不得背离的本法规定相抵触;无此种约定时,与本法不符。第二类理由包括:根据本国的法律,争议事项不能通过仲裁解决;或该裁决与本国的公共政策相抵触。

根据《仲裁法》和《民事诉讼法》的规定,仲裁机构所在地的中级人民法院对撤销涉外仲裁裁决申请享有管辖权,撤销涉外仲裁裁决包括两类理由:第一类系需申请人提出证据证明的理由,包括当事人在合同中没有订有仲裁条款或者事后没有达成书面仲裁协议,被申请人没有得到指定仲裁员或者进行仲裁程序的通知,或者由于其他不属于被申请人负责的原因未能陈述意见,仲裁庭的组成或者仲裁的程序与仲裁规则不符,裁决的事项不属于仲裁协议的范围或者仲裁机构无权仲裁。第二类系需法院主动查明的理由,即裁决是否违背社会公共利益。

最高人民法院设立了仲裁司法审查案件的报核机制,根据《最高人民法院关于仲裁司法审查案件报核问题的有关规定》第 2 条的规定,各中级人民法院或者专门人民法院办理涉外涉港澳台仲裁司法审查案件,经审查拟撤销我国内地仲裁机构的仲裁裁决,应向本辖区所属高级人民法院报核;高级人民法院经审查拟同意,应向最高人民法院报核。待最高人民法院审核后,方可依最高人民法院的审核意见作出裁定。

案例

武汉协卓联合贸易有限公司与别洛德莱销售有限责任公司申请撤销仲裁裁决案〔1〕

2020 年 4 月 7 日,协卓公司与别洛德莱公司签订编号为

〔1〕 武汉协卓联合贸易有限公司与别洛德莱销售有限责任公司申请撤销仲裁裁决案,北京市第四中级人民法院民事裁定书,(2021)京 04 民特 710 号。

HSP20200407－2的《合同》,合同中约定有仲裁条款。别洛德莱公司以协卓公司为被申请人,向中国国际经济贸易仲裁委员会提出仲裁申请,中国国际经济贸易仲裁委员会予以受理,案号为G20202907。该案仲裁程序适用自2015年1月1日起施行的《中国国际经济贸易仲裁委员会仲裁规则》中简易程序的规定。2021年8月25日,中国国际经济贸易仲裁委员会作出(2021)中国国际经济贸易仲裁委员会京裁字第2199号仲裁裁决。

关于撤销涉外仲裁裁决,《仲裁法》第70条规定:"当事人提出证据证明涉外仲裁裁决有民事诉讼法第258条(该法2021年第四次修正后的第281条)第1款规定的情形之一的,经人民法院组成合议庭审查核实,裁定撤销。"《民事诉讼法》(2021年修正)第281条规定:"对中华人民共和国涉外仲裁机构作出的裁决,被申请人提出证据证明仲裁裁决有下列情形之一的,经人民法院组成合议庭审查核实,裁定不予执行:(一)当事人在合同中没有订有仲裁条款或者事后没有达成书面仲裁协议的;(二)被申请人没有得到指定仲裁员或者进行仲裁程序的通知,或者由于其他不属于被申请人负责的原因未能陈述意见的;(三)仲裁庭的组成或者仲裁的程序与仲裁规则不符的;(四)裁决的事项不属于仲裁协议的范围或者仲裁机构无权仲裁的。人民法院认定执行该裁决违背社会公共利益的,裁定不予执行。"

本案中,协卓公司提出的撤销涉外仲裁裁决的理由归纳为:第一,第二批货物质量是否符合合同要求至关重要,仲裁庭依据肉眼观察、经验无法判断,应委托专业机构进行鉴定,而非主观臆断。对协卓公司提出的鉴定申请,仲裁庭在裁决作出前告知不准许，剥夺了协卓公司对关键证据重新鉴定的机会，导致协卓公司无法通过 CENTROCOT 检测机构就货物质量重新鉴定，协卓公司丧失了抗辩的时间和机会，故仲裁的程序违反了法定程序。第二，仲裁庭未查明案件相关事实，曲解合同的本意，对质量异议期、质量标准作扩大解释，关于赔偿金额及依据，胡乱解释合同条款。第三，案涉产品产地、发货地在中国，案涉合同未约定准据法的适用，应适用仲裁地的《民法典》等法律作为准据法，而非适用《联合国国际货物销售合同公约》。针对协卓公司的上述理由，法院逐一分析认定如下。

关于协卓公司提出的上述仲裁的程序违反法定程序的主张，法院认为，《最高人民法院关于适用〈中华人民共和国仲裁法〉若干问题的解释》第 20 条规定，《仲裁法》第 58 条规定的“仲裁的程序违反法定程序”，是指违反仲裁法规定的仲裁程序和当事人选择的仲裁规则可能影响案件正确裁决的情形。《仲裁法》第 44 条第 1 款规定，仲裁庭对专门性问题认为需要鉴定的，可以交由当事人约定的鉴定部门鉴定，也可以由仲裁庭指定的鉴定部门鉴定。《中国国际经济贸易仲裁委员会仲裁规则》第 44 条第 1 款规定，仲裁庭可以就案件中的专门问题向专家咨询或指定鉴定人进行鉴定。专家和鉴定人可以是中国或外国的机构或自然人。据此，在仲裁程序中，鉴定程序启动与否，仲裁庭有权决定。本案在仲裁过程中，仲裁庭结合双方当事人的到庭陈述、各自提交的证据，认为经考虑双方当事人的意见及该案的实际情况，对鉴定申请不予同意，仲裁庭的该决定属于其履职范围，该履职行为未违反《仲裁法》及《中国国际经济贸易仲裁委员会仲裁规则》的规定。鉴于仲裁庭经分析认定，别洛德莱公司有权根据CENTROCOT报告的检测结果主张第二批防护服质量不符合合同约定，亦未准予协卓公司的鉴定申请，故不存在仲裁庭通知不及时，剥夺协卓公司重新鉴定、举证及辩论权的问题。综上，协卓公司提出的仲裁违反法定程序的主张，法院不予支持。

关于协卓公司提出的仲裁庭认定案件事实错误、曲解合同本意、适用准据法错误的主张，法院认为，案件事实的查明、合同争议条款的解释、法律的适用，均属于仲裁庭的履职权限，属于仲裁庭对案件的实体处理范畴，不属于人民法院依据《仲裁法》第70条规定及《民事诉讼法》第281条规定对涉外仲裁裁决的司法审查的范围，法院不予审查。

综上所述，协卓公司申请撤销涉外仲裁裁决的理由均不能成立，对其撤销仲裁裁决的请求，法院不予支持。

要点解析

本案讨论的主要问题是涉外仲裁裁决是否因仲裁程序违反法定程序而被撤销。法院认为，仲裁程序违反法定程序是指违反仲裁法规定的仲裁程序和当事人选择的仲裁规则可能影响案件正确裁决的情形。法院认为根据法律和仲裁规则的规定，本案中是否启动鉴定程序的问题，由仲裁庭决定。仲裁庭未同意当事人的鉴定申请属于其履职范围，未违反法律和仲裁规则的规定。

第九章　国际商事仲裁裁决的承认与执行

第一节　涉外仲裁裁决的执行

内地仲裁机构作出的仲裁裁决分为两类：一类是国内仲裁裁决；另一类是涉外仲裁裁决。被申请执行人就两类仲裁裁决申请不予执行的判定标准不同。

涉外仲裁裁决的执行，由被执行人住所地或者被执行的财产所在地的中级人民法院管辖。不予执行涉外仲裁裁决的理由与撤销涉外仲裁裁决的理由一致。

根据《最高人民法院关于仲裁司法审查案件报核问题的有关规定》的规定，各中级人民法院或者专门人民法院办理涉外涉港澳台仲裁司法审查案件，经审查拟不予执行我国内地仲裁机构的仲裁裁决，应向本辖区所属高级人民法院报核；高级人民法院经审查拟同意的，应向最高人民法院报核。待最高人民法院审核后，方可依最高人民法院的审核意见作出裁定。

《最高人民法院关于人民法院办理仲裁裁决执行案件若干问题的规

定》在仲裁当事人申请不予执行之外，增设了案外人申请不予执行机制。案外人向法院申请不予执行仲裁裁决的前提条件包括：有证据证明仲裁案件当事人恶意申请仲裁或者虚假仲裁，损害其合法权益；案外人主张的合法权益所涉及的执行标的尚未执行终结；自知道或者应当知道人民法院对该标的采取执行措施之日起30日内提出。不予执行仲裁裁决应符合的条件包括：案外人系权利或者利益的主体；案外人主张的权利或者利益合法、真实；仲裁案件当事人之间存在虚构法律关系、捏造案件事实的情形；仲裁裁决主文或者仲裁调解书处理当事人民事权利义务的结果部分或者全部错误，损害案外人的合法权益。人民法院基于案外人申请裁定不予执行仲裁裁决，当事人不服，可以自裁定送达之日起10日内向上一级人民法院申请复议；人民法院裁定驳回或者不予受理案外人提出的不予执行仲裁裁决，案外人不服，可以自裁定送达之日起10日内向上一级人民法院申请复议。

案例

泰宝美客株式会社申请复议案[1]

港明公司、加藤佳公司与株式会社加卜吉、株式会社格林食品有限公司、舟山谷林食品有限公司买卖合同纠纷一案，中国国际经济贸易仲裁委员会于2009年9月25日作出(2009)中国贸仲京裁字第0437号裁决书。2009年11月19日，港明公司、加藤

[1] 泰宝美客株式会社申请复议案，山东省高级人民法院执行裁定书，(2015)鲁执复字第77号。

佳公司向日本东京地方法院提出申请,请求对被申请人株式会社加卜吉(2010年1月1日起更名为泰宝美客株式会社)强制执行(2009)中国贸仲京裁字第0437号裁决书确定的款项。2010年12月27日,泰宝美客株式会社向东京地方法院要求停止执行,理由是:因双方互负金钱债务,债务人株式会社格林食品有限公司已将泰宝美客株式会社负有连带责任的(2009)中国贸仲京裁字第0437号裁决书确定的债务,与浙江省高级人民法院(2009)浙商外终字第84号、第85号判决书确定的港明公司、加藤佳公司的债务进行了抵销,因此,泰宝美客株式会社基于(2009)中国贸仲京裁字第0437号裁决书的连带责任已经消失,东京地方法院的执行应该终止。港明公司、加藤佳公司在东京地方法院抗辩称该抵销通知无效,仍要求日本法院就该仲裁裁决书对泰宝美客株式会社进行执行。东京地方法院于2011年1月7日裁定停止执行,并于2014年3月24日判决抵销有效,驳回了港明公司、加藤佳公司的执行申请。港明公司、加藤佳公司于2014年5月15日向青岛中院申请强制执行(2009)中国贸仲京裁字第0437号裁决书确定的债权,被申请人为泰宝美客株式会社。青岛市中级人民法院经审查予以立案执行,案号为(2014)青执字第292号。立案执行后,根据申请执行人提供的财产线索,青岛中级人民法院对被执行人的部分财产予以查封。2014年8月25日,泰宝美客株式会社向青岛中级人民法院提出书面执行异议,请求撤销该执行案件。

青岛中级人民法院认为,第一,《民事诉讼法》第273条规定:"经中华人民共和国涉外仲裁机构裁决的,当事人不得向人民法院起诉。一方当事人不履行仲裁裁决的,对方当事人可以向被申请人住所地或者财产所在地的中级人民法院申请执行。”同时，日本国与我国共同参加的相关国际条约，对中国法院依据中国法律管辖执行依据为(2009)中国贸仲京裁字第0437号裁决书的执行案件，无禁止性的规定。进而，根据上述法律规定，青岛中级人民法院作为该仲裁裁决所确定的付款义务人之一泰宝美客株式会社的财产所在地的中级人民法院，对本执行案件享有合法管辖权。第二，虽然日本东京地方法院的判决结果未在我国获得正式承认，但双方当事人对本案申请执行人即港明公司、加藤佳公司曾向日本东京地方法院申请执行该仲裁裁决并最终被驳回的事实，均予以认可。根据《民事诉讼法》(2012年)第239条的规定，符合《民事诉讼法》规定的关于申请执行时效中断的情形，申请执行人向青岛中级人民法院申请执行并未超过法律规定的期限。第三，关于本案被执行人对申请执行人所负债务是否已经依法抵销的问题，并非执行异议审查程序应予直接审查的事项，泰宝美客株式会社可在本案执行实施过程中或通过其他合法途径予以主张。综上，青岛中级人民法院认为泰宝美客株式会社的异议理由不能成立，对其异议请求不予支持，遂于2015年3月12日作出(2014)青执异字第28号执行裁定书，驳回了泰宝美客株式会社的异议请求。

山东省高级人民法院认为，本案争议的焦点问题有三个：(1)在日本法院已立案执行并裁定停止执行的情况下，青岛中院对该案是否有执行管辖权。(2)申请执行人向青岛中院申请执行时是否已超过申请执行期间。(3)本案执行依据仲裁裁决书确定的债务是否已经依法抵销的问题，是否属于执行异议程序审查的范围。

关于第一个焦点问题。《民事诉讼法》(2012年)第273条规定,对于我国涉外仲裁机构的裁决,一方当事人不履行的,对方当事人可以向被申请人住所地或者财产所在地的中级人民法院申请执行。本案执行依据是中国国际经济贸易仲裁委员会作出的仲裁裁决,该仲裁裁决执行案件符合上述法条规定的情形,青岛中级人民法院对该案具有管辖权。该管辖权不受外国执行机构是否受理执行案件、是否驳回执行申请的影响。申请复议人泰宝美客株式会社认为青岛中级人民法院依据《民事诉讼法》(2012年)第273条的规定,认定对本执行案件具有管辖权系适用法律错误的主张无法律依据,法院不予支持。

关于第二个焦点问题。《民事诉讼法》(2012年)第239条规定,申请执行时效的中止、中断,适用法律有关诉讼时效中止、中断的规定。《最高人民法院关于适用〈中华人民共和国民事诉讼法〉执行程序若干问题的解释》第28条规定,申请执行时效因申请执行、当事人双方达成和解协议、当事人一方提出履行要求或者同意履行义务而中断。从中断时起,申请执行时效期间重新计算。根据青岛中级人民法院查明的事实,本案债权人曾向日本国法院申请执行,这符合《最高人民法院关于适用〈中华人民共和国民事诉讼法〉执行程序若干问题的解释》第28条规定的"申请执行"情形,能够引起申请执行时效的中断。承认债权人向日本国法院申请执行的事实与承认日本国驳回执行申请判决的效力是性质完全不同的两个问题,前者是事实判断,后者是法律判断,对两个问题的不同判断不存在逻辑矛盾。因此,申请复议人泰宝美客株式会社认为青岛中院对时效中断的认定,与之前管辖权的认定相互矛盾的主张不成立。退一步讲，即使认为《最高人民法院关于适用〈中华人民共和国民事诉讼法〉执行程序若干问题的解释》第28条的“申请执行”需要向我国法院提出，不包括“向日本国法院申请执行”，那么日本国法院将债权人申请执行事项告知债务人的事实也构成了《最高人民法院关于适用〈中华人民共和国民事诉讼法〉执行程序若干问题的解释》第28条规定的“当事人一方提出履行要求”情形，同样可以引起申请执行时效的中断。

关于第三个焦点问题。根据《最高人民法院关于执行案件立案、结案若干问题的意见》第9条第5项的规定，被执行人以债权消灭、超过申请执行期间或者其他阻止执行的实体事由提出阻止执行的，人民法院应当按照执行异议案件予以立案。因此，对于本案仲裁裁决确定的债务是否因抵销而消灭的问题，青岛中级人民法院在执行异议程序中应予审查，青岛中级人民法院未予审查属遗漏异议请求，依法应予纠正。

要点解析

本案讨论的主要问题是我国法院就涉外仲裁裁决执行的管辖权是否受境外执行的影响。本案所涉仲裁裁决，当事人向日本东京地方法院申请强制执行，日本东京地方法院裁定停止执行。当事人又向青岛中级人民法院申请强制执行该仲裁裁决。法院认为根据《民事诉讼法》的规定，当事人可以向被申请人住所地或者财产所在地的中级人民法院申请执行涉外仲裁裁决，青岛中级人民法院对本案所涉仲裁裁决具有管辖权。该管辖权不受外国执行机构是否受理执行案件、是否驳回执行申请的影响。

第二节　外国仲裁裁决的承认与执行

根据《纽约公约》的规定,外国仲裁裁决不予承认和执行的理由包括两类:第一类是当事人需提供证据证明的理由;第二类是法院需主动查明的理由。第一类理由包括:根据适用的法律仲裁协议当事人有某种无行为能力情形,或根据各方当事人约定的法律或在未指明何种法律的情况下根据裁决地所在国法律,该协议无效;未向仲裁裁决所针对的当事人发出指定仲裁员或仲裁程序的适当通知,或因他故致该当事人未能陈述案情;裁决处理的争议不是提交仲裁意图裁定的事项或不在提交仲裁的范围之列,或者裁决书中内含对提交仲裁的范围以外事项的决定,如对提交仲裁的事项所作的决定可与对未提交仲裁的事项所作的决定分开,内含对提交仲裁事项所作决定的那部分裁决得予承认和执行;仲裁庭的组成或仲裁程序与当事人的约定不符,无此种约定,与仲裁地法律不符;裁决对当事人尚无约束力,或已由仲裁地或裁决依据法律所属地的法院撤销或中止。第二类理由包括:根据执行地的法律,争议事项不能通过仲裁解决;或承认或执行该仲裁裁决与执行地的公共政策相抵触。

《民事诉讼法》第 290 条规定,国外仲裁机构的裁决,需要中华人民共和国人民法院承认和执行,应由当事人直接向被执行人住所地或者其财产所在地的中级人民法院申请,人民法院应依照中华人民共和国缔结或者参加的国际条约,或按照互惠原则办理。

针对承认和执行外国仲裁裁决的请求,我国有管辖权的法院为被执行人住所地或者其财产所在地的中级人民法院。我国作为《纽约公约》的缔约国,如该外国系《纽约公约》缔约国,则法院按照《纽约公约》规定对外国仲裁裁决予以审查,如不存在《纽约公约》规定的不予承认和执行外国仲裁裁决的理由,则予以承认,如有需执行内容再予以执行。如该外国非《纽约公约》缔约国,则要看我国与该外国之间是否缔结承认和执行外国仲裁裁决的多边或双边条约,如没有条约依据,则按照互惠原则办理。

我国于1986年12月2日加入《纽约公约》,该公约于1987年4月22日对我国生效。我国加入该公约时作了互惠保留和商事保留。1987年4月10日《最高人民法院关于执行我国加入的〈承认及执行外国仲裁裁决公约〉的通知》第3条规定:根据《纽约公约》第4条的规定,申请我国法院承认和执行在另一缔约国领土内作出的仲裁裁决,由仲裁裁决的一方当事人提出,对于当事人的申请应由我国下列地点的中级人民法院受理:被执行人为自然人,为其户籍所在地或者居所地;被执行人为法人,为其主要办事机构所在地;被执行人在我国无住所、居所或者主要办事机构,但有财产在我国境内,为其财产所在地。我国有管辖权的人民法院接到一方当事人的申请后,应对申请承认及执行的仲裁裁决进行审查,如认为不具有《纽约公约》第5条第1、2款所列的情形,应当裁定承认其效力,并且依照《民事诉讼法》规定的程序执行;如认定具有第5条第2款所列的情形之一,或根据被执行人提供的证据证明具有第5条第1款所列的情形之一,应当裁定驳回申请,拒绝承认及执行。

案例

IM 全球有限责任公司、天津北方电影集团有限公司仲裁程序案[1]

申请人 IM 全球有限责任公司(以下简称 IM 公司)申请承认和执行美国独立电影电视联盟(Independent Filmand Television Alliance,IFTA)国际仲裁院仲裁庭于 2017 年 4 月 11 日作出的第 17－01 号裁决一案,法院于 2018 年 3 月 19 日立案。法院依法组成合议庭进行了审查,组织当事人进行了询问,现已审查终结。

北方电影集团主张涉案仲裁存在《纽约公约》第 5 条第 1 款甲项、乙项、丁项规定的情形,应不予承认和执行。因此本案需审查北方电影集团的该主张是否成立。具体分述如下。

(一)本案是否存在《纽约公约》第 5 条第 1 款甲项规定的情形

《纽约公约》第 5 条第 1 款甲项分为前、后两部分,前段系"无行为能力"拒绝承认及执行事由,后段系"仲裁协议无效"拒绝承认及执行事由,分别适用不同的准据法。北方电影集团明确其主张为该项的前段,即存在"第二条所称协定之当事人依对其适用之法律有某种无行为能力"的情形。

《纽约公约》第 5 条第 1 款甲项前一部分所称"无行为能力"与国内法"无行为能力"的意义不尽一致,而应理解为"缺乏契约

[1] IM 全球有限责任公司、天津北方电影集团有限公司仲裁程序案,天津市第一中级人民法院民事裁定书,(2018)津 01 协外认 2 号。

能力”(lacking the power to contract),也包括行为人无权代表或代理公司签订仲裁协议。具体到本案中,应当审查“孙某”是否有权代表或代理北方电影集团签订涉案《交易备忘录》,审查应当“依对其适用之法律”进行。

“依对其适用之法律”是指应当适用的准据法,因“无行为能力”不等同于国内法的“无行为能力”,在本案中,根据本案的事实和当事人双方的主张,应当依照《涉外民事关系法律适用法》第14条关于法人的民事权利能力、组织机构等事项或者第16条关于代理的相关规定确定相应准据法。

关于“孙某”是否可以代表北方电影集团的问题,《涉外民事关系法律适用法》第14条规定:“法人及其分支机构的民事权利能力、民事行为能力、组织机构、股东权利义务等事项,适用登记地法律。”“何人能代表公司”属于法人“民事权利能力、组织机构等事项”,应当依照《中华人民共和国涉外民事关系法律适用法》第14条的规定,适用登记地法律。北方电影集团登记地在中国境内,应当适用中国法判断。原《中华人民共和国民法通则》第38条规定,“依照法律或者法人组织章程规定,代表法人行使职权的负责人,是法人的法定代表人”。[1]《中华人民共和国公司法》第13条规定,“公司法定代表人依照公司章程的规定,由董事长、执行董事或者经理担任,并依法登记。公司法定代表人变更,应当办理变更登记”。根据以上法律规定和北方电影集团的市场主体登记信息,“孙某”显然不能代表北方电影集团。

---

〔1〕 现为《民法典》第61条。

关于"孙某"是否可以代理北方电影集团的问题,《涉外民事关系法律适用法》第16条第1款规定:"代理适用代理行为地法律,但被代理人与代理人的民事关系,适用代理关系发生地法律。"本案中,"孙某"是在法国签订的协议,其是否可以代理北方电影集团签订协议,应当适用代理关系发生地法律,即法国法律来判断。《法国民法典》对代理关系作出如下规定:"委托或代理是指一人授权另一人以委托人的名义,为委托人完成某种事务的行为。""给予委托,得以经公证书或私署文书,甚至以信件为之;委托亦可口头授予,但是,仅在依照'契约与合意之债的一般规则'编所定之规则时,始允许以证人证明之。"根据上述法律规定,IM公司有义务提供公证书、私署文书、信件、证人证言等证据证明委托代理关系成立,但IM公司并未提供,因此无法认定"孙某"可以代理北方电影集团。以"Tianjin North Film Corporation"名义与IM公司签订合同的是"孙某",真名为孙利庆。北方电影集团及孙利庆本人均陈述,孙利庆既非北方电影集团的高级管理人员,也非普通员工。本案无证据证明孙利庆系北方电影集团的员工,也无证据证明孙利庆是经北方电影集团授权委托后签订合同。

关于IM公司提出的表见代理的问题。《法国民法典》对表见代理作出如下规定:"无权代理或超越代理权而完成的行为不可对抗被代理人,除非相对人可合理信赖代理人的权力是真实的,特别是因被代理人的行为或表示。"根据该规定,主张表见代理成立的一方应举证证明其"可合理信赖代理人的权力是真实的,特别是因被代理人的行为或表示。"本案中,IM公司主张其产生合理信赖的事由主要有“孙某”的名片及电影行业数据库Cinando,而这两者均无法认定为北方电影集团的“行为和表示”。在重大商业活动中,应审查签约主体的身份及授权文件,根据名片来确认对方身份,显然不符合商事主体的基本认知,无法构成法律规定的合理信赖。IM公司主张其查询过电影行业数据库Cinando,但未能提供相关证据证明,也未能详细说明该数据库的相关信息。IM公司亦未提供其他IM公司在与“孙某”签订合同前,查询、了解“孙某”与北方电影集团存在关联关系的证据。此外,IM公司和北方电影集团无历史交易记录,故本案也无适用交易习惯的余地。

综上,“孙某”无权代表或代理北方电影集团签订涉案仲裁协议,IM公司和北方电影集团之间不存在有效的仲裁协议,涉案仲裁协议“之当事人依对其适用之法律有某种无行为能力”,IM公司主张的“合理信赖”无事实及法律依据。北方电影集团提出的涉案仲裁裁决符合《纽约公约》第5条第1款甲项规定情形的主张成立。

(二)本案是否存在《纽约公约》第5条第1款乙项规定的情形

基于第一点理由,涉案仲裁协议并非北方电影集团所签署,因此协议上所列联系方式并不能当然视为北方电影集团的联系方式,应当根据送达的实际情况判断北方电影集团是否“接获关于指派仲裁员或仲裁程序之适当通知”。关于仲裁文件的送达情况,仲裁裁决中表述,仲裁庭秘书于2017年1月5日将仲裁通知和仲裁规则通过挂号邮件(registeredmail)发送给北方电影集团,显示北方电影集团于2017年1月16日收到文件。IM公司提交了仲裁庭秘书发给IM公司代理人的邮件,仲裁庭秘书陈述,其通过传真、挂号包裹向“Tianjin North Film Corporation”送达了仲裁函件,挂号包裹无法追踪。仲裁裁决系通过电子邮件与挂号信的方式送达,挂号信纸质版裁决被退还。

仲裁裁决中关于送达的表述和仲裁庭秘书的事后表述不同,仲裁裁决表述北方电影集团于2017年1月16日收到文件,而仲裁庭秘书表述无法追踪包裹,因此是否送达无法确认。而北方电影集团主张其于2016年3月前已经搬离注册地址,但网站未更正住址。北方电影集团提供了注册地业主天津市凯德恒业投资集团有限公司及网络服务器托管服务单位天津龙驰神州网络科技有限公司出具的说明予以证明。在仲裁裁决中关于送达的表述和仲裁庭秘书的事后表述存在冲突的情况下,北方电影集团提供了较为充足的证据予以反驳,因此可以确认北方电影集团并未接获此种方式的送达。

关于传真方式送达,IM公司提供的证据显示,仲裁庭秘书向×××-××-××-××××-××××发送传真两页,北方电影集团未否认该传真号码为其使用的号码,但传真的两页文件未包括《仲裁通知书》和《仲裁规则》,因此传真送达不能确认为“接获关于指派仲裁员或仲裁程序之适当通知”。

另外,基于第一点理由,北方电影集团未与IM公司签订协议,仲裁庭也未能成功有效地送达,因此北方电影集团未能出席仲裁进行申辩,构成《纽约公约》第5条第1款乙项规定的“或因他故,致未能申辩者”。

综上，北方电影集团提出的涉案仲裁裁决符合《纽约公约》第五条第1款乙项规定情形的主张成立。

（三）本案是否存在《纽约公约》第5条第1款丁项规定的情形

北方电影集团主张，依照《交易备忘录》项下“法律选择/仲裁/仲裁机构”之B段约定，IM公司发出协商通知并于120日后申请仲裁系《交易备忘录》约定的仲裁前置程序，而本案IM公司从未向北方电影集团发出协商通知，未遵守协商期约定，径行提起仲裁程序。涉案仲裁裁决的仲裁程序与《交易备忘录》之协议约定不符，根据《纽约公约》第5条第1款丁项之规定，涉案仲裁裁决应不予承认和执行。

北方电影集团的此项主张不能成立。理由在于，《纽约公约》第5条第1款丁项之规定“仲裁机关之组成或仲裁程序与各造间之协议不符”。该项规定明确限定了“仲裁机关之组成”“仲裁程序”两项，这两项均为进入仲裁程序之后的事项。而北方电影集团主张的协商期系进入仲裁程序之前的事项，是否按照约定协商并非“仲裁机关之组成”问题，也非“仲裁程序”问题。并且，《交易备忘录》项下“法律选择/仲裁/仲裁机构”之B段约定中“协商解决”难以界定其履行标准。再者，从案涉情况来看，IM公司已提交仲裁，应认定双方争议难以协商解决。因此，北方电影集团提出的涉案仲裁前未经协商期，符合《纽约公约》第5条第1款丁项规定情形的主张不成立。

要点解析

本案讨论的主要问题是仲裁协议是否因当事人缺乏缔约能

力而无效。就“孙某”是否有权代表北方电影集团签订相关合同,法院对何人能代表公司的问题进行了识别,认为属于法人民事权利能力、组织机构等事项,根据法院地的冲突法规则,适用登记地法律,即中华人民共和国法律,法定代表人可以代表法人行使职权,而“孙某”不是北方电影集团的法定代表人,无权代表北方电影集团签订相关合同。关于“孙某”是否可以代理北方电影集团的问题,根据法院地的冲突法规则,适用代理关系发生地法律,即法国法律。当事人未能提供证据证明代理关系成立,也没有相关证据证明构成表见代理。因此,法院认为“孙某”无权代表或代理北方电影集团签订本案涉及仲裁协议,当事人之间不存在有效的仲裁协议。

Ecomagro Industrial Corp. Ltd. Switzerland、青岛锦华东国际贸易有限公司申请承认与执行仲裁裁决案[1]

2018 年 6 月 28 日,申请人 Ecomagro Industrial Corp. Ltd. Switzerland 与被申请人青岛锦华东国际贸易有限公司(买方)签订 315590006 号买卖合同,约定青岛锦华东国际贸易有限公司向 Ecomagro Industrial Corp. Ltd. Switzerland 购买大约 1000 吨巴西原棉。合同载明青岛锦华东国际贸易有限公司的地址为:中国青岛市保税港区。合同约定,本合同受(i)本合同背面的条款和条

〔1〕 Ecomagro Industrial Corp. Ltd. Switzerland、青岛锦华东国际贸易有限公司申请承认与执行仲裁裁决案,山东省青岛市中级人民法院民事裁定书,(2021)鲁 02 协外认 3 号。

件以及(ii)订立本合同时有效的《国际棉花协会章程和规则》(以下简称ICA规则)的约束,如同这些规则在本合同中已全部列出。由本合同引起的或与本合同有关的任何纠纷应按照ICA规则根据英国法律提交仲裁,且仲裁程序应以英语进行。

本案仲裁裁决于2020年5月6日作出,裁决被申请人青岛锦华东国际贸易有限公司应立即向申请人支付款项及利息等相关费用。申请人于2021年4月1日向本院提出申请,未超过《民事诉讼法》第246条关于申请执行期限的规定。

根据《纽约公约》第4条的规定,为了获得承认和执行,申请承认和执行裁决的当事人应该在申请时提供:(a)经正式认证的裁决正本或经正式核对的副本;(b)协议正本或经正式核对的副本;(c)如果上述裁决或协议不是用需承认和执行裁决国的官方语言作成,申请承认和执行裁决的当事人应该提交这些文件的此所在国译文。经法院查明,申请人已提交仲裁裁决书及协议经公证认证的副本及中文翻译,其申请在文件的提交方面符合《纽约公约》第4条的规定,法院予以审查认可。

本案中,被申请人提出的未收到仲裁申请书和仲裁开庭时间、地点通知书,实际系对仲裁庭送达程序的异议。经查,仲裁庭已通过电子邮件的方式向被申请人送达了仲裁通知、仲裁申请、指派仲裁员通知及仲裁裁决。被申请人邮箱为×××@163.com,且被申请人自认其收到仲裁庭发送的邮件,虽然被申请人称其没有在该邮件附件中收到仲裁庭发来的仲裁申请书,但2019年11月13日仲裁庭通过电子邮件向×××@163.com电子邮箱抄送的邮件显示,仲裁庭告知 Ecomagro Industrial Corp. Ltd.

Switzerland 已经任命仲裁员，要求被申请人青岛锦华东国际贸易有限公司在 14 日内指定仲裁员，否则将被指定仲裁员。该邮件的附件同时发送了申请人申请中载明的合同编号为 315590006 号合同文本以及申请人的仲裁申请。仲裁庭向该电子邮箱的送达，符合仲裁规则，应视为送达。对于被申请人提出的未收到仲裁开庭时间、地点通知书的抗辩，经查，仲裁规则载明一方或双方当事人如要求口头庭审，须以书面方式向仲裁庭提出；仲裁庭可以同意或拒绝该请求，无须说明理由；其决定为终局决定，如请求获得同意，则仲裁庭主席须在询问其他仲裁员后决定庭审的日期、时间和地点，以及所采用的庭审程序。申请人提供的仲裁文件显示，双方均未提起过口头庭审申请，且在仲裁庭通知文件中亦可看出，仲裁庭将通过交换文件的形式由各方进行意见交换，审议争议事项并公布裁决，仲裁通知中将各时间节点规定明确，未有口头庭审的安排及内容。故可以认定，本案仲裁未进行口头庭审，亦不需要通知被申请人开庭时间。裁决书载明裁决的地点位于英格兰利物浦，符合合同及仲裁规则的要求，故申请人的该抗辩主张本院不采纳。

综上，本案中被申请人青岛锦华东国际贸易有限公司未提交证据证明仲裁协议的效力、仲裁员的任命、裁决事项、仲裁庭的组成及仲裁程序等事项存在瑕疵，同时经法院审查，本案仲裁裁决的事项系国际商事合同纠纷，依据《民事诉讼法》《仲裁法》的规定属于可经仲裁的纠纷，承认与执行该仲裁裁决不存在违反我国公共秩序的情形，也不违反国际棉花协会的仲裁规则。综上所述，申请人 Ecomagro Industrial Corp. Ltd. Switzerland 提交的国际棉花协会仲裁员鲍兰登（W. Ballenden）、阿德河偌福特（D. Adcroft）、伍珂（D. Wookey）于2020年5月6日作出的编号为A012019050号仲裁裁决不存在《纽约公约》第5条规定的情形，应当准许承认和执行。

要点解析

本案讨论的主要问题是当事人的正当程序权利是否未得到保障。在本案所涉仲裁程序中，仲裁庭已通过电子邮件的方式向被申请人送达了仲裁通知、仲裁申请、指派仲裁员通知及仲裁裁决。本案系书面审理，未开庭审理，无须通知被申请人开庭时间。因此，法院认为不存在被申请人的正当程序权利未得到保障的事实。

来宝资源国际私人有限公司申请承认和执行外国仲裁裁决案[1]

2014年10月29日，来宝资源国际私人有限公司（以下简称来宝公司）与上海信泰国贸易有限公司（以下简称信泰公司）通过电子邮件签订了一份《铁矿石买卖合同》，约定由来宝公司销售铁矿石给信泰公司，合同争议须提交新加坡国际仲裁中心进行仲裁，且仲裁庭应由三名仲裁员组成。后双方在合同履行过程中发生争议，来宝公司于2015年1月14日向新加坡国际仲裁中心提

〔1〕 来宝资源国际私人有限公司申请承认和执行外国仲裁裁决案，上海市第一中级人民法院民事裁定书，(2016)沪01协外认1号。

出仲裁申请，主张信泰公司构成根本违约，要求信泰公司承担违约赔偿责任，同时申请仲裁程序按照快速程序进行。新加坡国际仲裁中心依据其2013年第5版仲裁规则，以双方当事人未就快速程序下独任仲裁员的人选达成合意为由，指定独任仲裁员审理该案，信泰公司缺席该案的审理。2015年8月26日，仲裁庭作出最终裁决，支持了来宝公司的全部仲裁请求。上述仲裁裁决作出后，信泰公司未履行裁决项下的义务，来宝公司向上海市第一中级人民法院申请承认和执行上述仲裁裁决。

上海市第一中级人民法院裁定不予承认和执行案涉新加坡国际仲裁中心作出的仲裁裁决。法院认为，案涉争议提交仲裁时适用的仲裁规则为新加坡国际仲裁中心2013年第5版仲裁规则，该仲裁规则第5.1条规定："在仲裁庭完成组庭之前，存在下列情形之一时，一方当事人可以向主簿提出书面申请，请求依照本条所称'快速程序'进行仲裁：1. 由仲裁请求、反请求以及任何抵销辩护所构成的争议金额合计不超过五百万元新加坡元……"涉案仲裁案件标的额低于500万元新加坡元，且双方当事人并未在仲裁条款中排除"快速程序"的适用，故新加坡国际仲裁中心根据来宝公司的书面申请适用"快速程序"进行仲裁，符合仲裁规则的规定，不存在与当事人约定不符的情形。该仲裁规则第5.2条规定："当事人已依据本规则第5.1条向主簿申请快速程序时，主席考虑各方当事人观点后决定仲裁应当适用本条快速程序的，仲裁程序应当按照如下规定进行……b. 案件应当由独任仲裁员审理，但主席另有决定的除外……"从上述规定看，该仲裁规则并未排除"快速程序"中适用其他的仲裁庭组成方式，也没有规定在当事人已约定适用其他的仲裁庭组成方式时,新加坡国际仲裁中心主席仍然有权强制适用第5.2条b项关于独任仲裁的规定。当事人意思自治是仲裁制度运作的基石,而仲裁庭的组成方式属于仲裁基本程序规则,因此新加坡国际仲裁中心2013年第5版仲裁规则第5.2条b项所规定的“主席另有决定的除外”不应解释为新加坡国际仲裁中心主席对仲裁庭的组成方式享有任意决定权;相反,在其行使决定权时应当充分尊重当事人关于仲裁庭组成方式的合意,保障当事人的意思自治。由于本案双方当事人已在仲裁条款中明确约定应由三名仲裁员组成仲裁庭,且未排除该组成方式在仲裁“快速程序”中的适用。因此,适用“快速程序”进行仲裁不影响当事人依据仲裁条款获得三名仲裁员组庭进行仲裁的基本程序权利。新加坡国际仲裁中心在仲裁条款约定仲裁庭由三名仲裁员组成且信泰公司明确反对独任仲裁的情况下,仍然依据仲裁规则之规定决定采取独任仲裁员的组成方式,违反了案涉仲裁条款的约定,属于《纽约公约》第5条第1款丁项所规定的“仲裁机关之组成或仲裁程序与各造间之协议不符”的情形。故涉案仲裁裁决不应当被承认与执行。

要点解析

本案讨论的主要问题是仲裁庭组成是否与当事人约定不符。在本案中,相关仲裁协议约定:合同争议须提交新加坡国际仲裁中心进行仲裁,且仲裁庭应由三名仲裁员组成。当事人一方根据仲裁规则申请适用快速程序仲裁,仲裁规则规定快速程序:案件应当由独任仲裁员审理,但主席另有决定的除外。新加坡国际仲裁中心决定本案适用快速程序审理,指定独任仲裁员审理该案,作出裁决。

问题焦点集中在独任仲裁员审理是否构成仲裁庭组成是否与当事人约定不符。根据仲裁协议的约定,新加坡国际仲裁中心仲裁规则已纳入当事人约定,属于当事人约定的一部分,仲裁条款和仲裁规则都属于当事人的约定,在两者发生冲突时如何解决。法院认为仲裁规则的特别约定,优先于仲裁规则的约定,新加坡国际仲裁中心在仲裁条款约定仲裁庭由三名仲裁员组成且当事人明确反对独任仲裁的情况下,仍然依据仲裁规则的规定决定采取独任仲裁员的组成方式,违反了本案所涉仲裁条款的约定,属于仲裁庭组成与当事人约定不符。

Bright Morning Limited 申请宜兴乐祺纺织集团有限公司承认和执行外国仲裁裁决案[1]

2005 年 12 月 26 日,乐祺集团公司与 BM 公司签订《斜纹布合资合同》,设立新乐祺公司。该合同第 20 条“管辖法律”约定,本合同的签署、效力、解释、履行、修改和终止以及本合同项下的争议解决均应受中国法律管辖。如果中国法律对某一事项未作规定,则应适用国际法律原则和惯例;第 21.2 条“仲裁”约定,仲裁应由新加坡国际仲裁中心在新加坡进行。仲裁程序应以中英文进行。仲裁庭应根据仲裁之时仲裁中心有效的仲裁规则进行仲裁。2006 年 4 月 12 日,乐祺集团公司与 DV 公司签订《牛仔布

〔1〕 Bright Morning Limited 申请宜兴乐祺纺织集团有限公司承认和执行外国仲裁裁决案,江苏省无锡市中级人民法院民事裁定书,(2016)苏 02 协外认 1 号。

合资合同》,设立乐威公司。2006年6月10日,新乐祺公司、乐威公司分别与Galey集团签订《技术协议》由Galey集团向新乐祺公司、乐威公司提供技术协助和技术。2006年6月10日,新乐祺公司与BP公司及老乐祺公司、乐威公司与BP公司分别签订《营销协议》,由新乐祺公司、老乐祺公司向BP公司供应斜纹布等纺织品,乐威公司向BP公司供应牛仔布纺织品。2011年11月14日,BM公司针对乐祺集团公司就《斜纹布合资合同》下的争议提交新加坡国际仲裁中心仲裁。

一、涉案最终裁决是否具有《纽约公约》第5条第1款丙项规定的情形

《纽约公约》第5条第1款丙项规定:裁决所处理之争议非为交付仲裁之标的或不在其条款之列,或裁决载有关于交付仲裁范围以外事项之决定者,但交付仲裁事项之决定可与未交付仲裁之事项划分时,裁决中关于交付仲裁事项之决定部分得予承认及执行。

法院认为,涉案最终裁决第1项、第3项并未具有《纽约公约》第5条第1款丙项规定的处理的争议超出仲裁条款或裁决的事项超出交付仲裁范围以外情形。理由是:(1)最终裁决第1项的裁决内容为:乐祺集团公司违反了《斜纹布合资合同》。虽然BM公司未明确提出确认乐祺集团公司违约这一仲裁请求,但是BM公司在其仲裁请求第1项即请求"裁定被申请人向申请人支付其因违约和其他不当行为造成的所有金钱损害赔偿",也即确认违约是其后论及因违约造成赔偿的前提条件,故乐祺集团公司主张仲裁裁决第1项"确认违约"超出双方当事人交付仲裁的范

围,与事实不符,法院不予采纳。(2)最终裁决第3项的裁决内容为:乐祺集团公司应向BM公司支付3840万美元的违约损害赔偿金。仲裁庭在作出确认乐祺集团公司违约的判断后,即行分析了其确定赔偿数额的依据,并最终确认赔偿数额。综观涉案仲裁裁决的说理过程,其处理的仍然是围绕BM公司与乐祺集团公司关于《斜纹布合资合同》履行及违约的相关争议,并未超出仲裁条款的范围,也未超出双方当事人交付仲裁的范围。乐祺集团公司主张3840万美元中包含的1100万美元额外赔偿,是其他主体在《营销协议》和《技术协议》项下的利益,因而超出涉案仲裁条款。对此,法院认为,虽然在确定赔偿数额时仲裁庭基于《斜纹布合资合同》、《营销协议》和《技术协议》一套协议项下"50/50为基础分享利益"的安排额外裁决了1100万美元,无论其自由裁量的依据正确与否,其处理的仍然是BM公司与乐祺集团公司之间关于违约及赔偿的事宜,并未涉及《营销协议》和《技术协议》的其他合同当事人,也未处理该两份协议项下的争议。

最终裁决第2项、第4项具有《纽约公约》第5条第1款丙项规定的情形,而不能被承认和执行。理由是:最终裁决第2项的内容为受第4项的限制,斜纹布合资合同终止。因此,第2项、第4项裁决内容具有关联性。而第4项是禁止BM公司主张其在斜纹布合资公司的股东权利,并在乐祺集团公司请求时转让其股权。法院认为:首先,股东权利是基于公司法律制度而产生的法定权利,并非约定权利。BM公司与乐祺集团公司约定提交仲裁解决的争议是与合资合同履行、违约、终止等相关的争议或由此引发的争议,也即仲裁庭解决的争议仅限于合资双方围绕合资合同发生的争议，而非能将其管辖延伸至合资公司本身。其次，BM公司与乐祺集团公司在仲裁请求与反请求中均未提出有关BM公司在合资公司的股权问题，在仲裁过程中亦未有任何一方提及股权限制及转让。BM公司请求的是违约损害赔偿金和侵权损害赔偿金，乐祺集团公司反请求的是对方违约的损害赔偿金，双方的争议焦点均是对方是否违约及违约造成的法律后果。因此，仲裁庭为平衡双方利益，避免BM公司获取所谓"双倍赔偿"，主动干预BM公司在斜纹布合资公司的股东权利，既超出了双方交付仲裁的争议范围，也超出了双方交付仲裁决定的事项范围。

至于超裁的第2项、第4项与其他裁项是否可分的问题。法院认为，裁决第1项认定乐祺集团公司违约，第3项确定了乐祺集团公司应向BM公司支付违约损害赔偿金的金额，从裁决主文看，并未反映出第2项、第4项与第1项、第3项具有不可分割的关联性。第3项作为单独一项裁决，是对乐祺集团公司因违约所应承担损害赔偿金额的确定，不能因为裁决正文在说理过程中将违约损害赔偿与股东权利的限制联系起来，而认定第3项与第2项、第4项不可划分。仲裁庭对裁决理由的分析和阐述，涉及案件的实体问题，不属于《纽约公约》规定的审查内容，因此，裁决第2项、第4项与第1项、第3项具有可分性。裁决第5项、第6项涉及仲裁费及其他费用的分担问题，亦可与超裁的第2项、第4项进行划分。

二、涉案最终裁决是否具有《纽约公约》第5条第1款丁项规定的情形

乐祺集团公司主张仲裁庭的组成违反仲裁规则，导致仲裁庭

不具有中立性、独立性,违反《纽约公约》第5条第1款丁项的规定。法院认为,乐祺集团公司主张仲裁庭的组成与仲裁规则不符,应承担举证责任。首先,其举证的证据并不能证实杨某某、史密斯(Smith)先生具有未披露、披露不实的情形。其次,《仲裁规则》第2款、第4款均是对仲裁员中立性或独立性的要求,仅凭杨某某、史密斯先生同时担任130号、131号案件的仲裁员及杨某某先生所在的律师事务所曾在另一起诉讼中代理Galey集团、史密斯先生曾担任副总裁及法律总顾问的洛克希德·马丁公司与涉案仲裁中代理BM公司的MWE律师事务所有长期业务关系,即认定两仲裁员缺乏中立性或独立性,依据不足。乐祺集团公司还认为仲裁庭对中方当事人抱有严重偏见,明显偏袒BM公司亦缺乏事实依据。再次,乐祺集团公司还主张上述两仲裁员违反《冲突指引》规定的披露义务,且无论两仲裁员是否确实有《冲突指引》规定必须披露的情形,但是《冲突指引》并非强制性法律规范,而且违反《冲突指引》也不必然违反《仲裁规则》。最后,乐祺集团公司向法院提出的仲裁庭违反仲裁规则的各种情形,其在仲裁程序中已全部向仲裁庭提出异议,新加坡仲裁中心已经按照《仲裁规则》进行了审查,在要求BM公司进行回复后,最终作出了仲裁庭组成的决定。综上,乐祺集团公司的上述抗辩意见,法院不予采纳。

三、涉案最终裁决是否具有《纽约公约》第5条第2款甲项、乙项规定的情形

乐祺集团公司主张最终裁决存在《纽约公约》第5条第2款甲项规定的不予承认和执行的情形即裁决事项不可仲裁解决。

法院认为，虽然乐祺集团公司提出此点答辩意见，但在举证及辩论过程中均未提及此情形，且该主张与事实和法律均不相符，法院不予采纳。

乐祺集团公司还主张最终裁决侵犯我国司法主权，违背了我国的公共政策，违反《纽约公约》第5条第2款乙项的规定。法院认为，乐祺集团公司举证无锡市公安局《立案决定书》，以证明最终裁决不尊重中国公安机关的刑事报案和侦查行为，但是该《立案决定书》系DV公司与乐祺集团公司就牛仔布合资公司发生纠纷后，由乐祺集团公司报案而产生，与本案无关，且乐祺集团公司亦无证据证明仲裁庭干涉了该刑事侦查程序，乐祺集团公司以此主张最终裁决违背我国的公共政策，法院不予采纳。乐祺集团公司还主张在法院已经将部分裁决执行完毕的情况下，最终裁决仍认定乐祺集团公司没有遵守该部分裁决，侵犯了我国司法主权，违背了我国的公共政策，亦缺乏事实和法律依据，法院不予采纳。

另外，本案中仲裁庭适用我国法律适当与否，影响的仅是赔偿金额，并不构成对我国公共政策的违反，因此乐祺集团公司关于承认与执行本案仲裁裁决违反我国公共政策的意见，法院不予采纳。

要点解析

本案讨论的主要内容是仲裁裁决是否超出了仲裁庭的审理范围。本案所涉仲裁协议约定，将与合资合同履行、违约、终止等相关的争议提交仲裁解决。申请人提交的仲裁请求是违约损害赔偿金和侵权损害赔偿金，被申请人提交的反请求是违约损害赔偿金。本案所涉仲裁裁决第2项、第4项涉及的是合资公司的股东权利，不属于仲裁协议约定的提交仲裁解决的争议范围，申请人仲裁请求和被申请人仲裁反请求也未涉及。因此，法院认为仲裁裁决超裁。

申请人斯万斯克蜂蜜加工公司申请承认和执行由彼得·索普（Peter Thorp）、斯图雷·拉松（Sture Larsson）和尼尔斯·埃利亚松（Nils Eliasson）组成的临时仲裁庭作出的仲裁裁决案[1]

2013 年 5 月 17 日，买方斯万斯克公司与卖方常力蜂业公司通过电子邮件签订了编号为 NJRS13001 的英文版蜂蜜销售《合同》，该合同约定争议解决条款为“in case of disputes governed by Swedish law and that disputes should be settled by Expedited Arbitration in Sweden.”2015 年 2 月 23 日，斯万斯克公司以常力蜂业公司为被申请人就案涉合同向瑞典斯德哥尔摩商会仲裁院申请仲裁，该仲裁院于 2015 年 12 月 18 日以其无管辖权为由作出 SCCF2015/023 仲裁裁决，驳回了斯万斯克公司的申请。2016 年 3 月 22 日，斯万斯克公司再次以常力蜂业公司为被申请人就案涉《合同》在瑞典申请临时仲裁。2018 年 3 月 5 日、6 日，由彼得·索普、斯图雷·拉松和尼尔斯·埃利亚松组成的临时仲裁庭，组织双方进行了听证。该临时仲裁庭于 2018 年 6 月 9 日依据《瑞典

---

[1] 申请人斯万斯克蜂蜜加工公司申请承认和执行由彼得·索普、斯图雷·拉松和尼尔斯·埃利亚松组成的临时仲裁庭作出的仲裁裁决案，江苏省南京市中级人民法院民事裁定书，(2018)苏 01 协外认 8 号。

仲裁法案》作出仲裁裁决。

《瑞典仲裁法案》第14条第1款规定，双方各自选定仲裁员的，其中一方根据第19条规定在仲裁申请书中告知对方自己选择的仲裁员，对方有义务在收到通知后的30日内书面通知第一方自己选择的仲裁员。如果对方未在规定的时间内选定仲裁员，地方法院应第一方申请指定仲裁员。但是，根据《瑞典仲裁法案》第44条第1款的规定，另一方可以在地方法院作出决定之前，就对方的申请提出其自己的意见。《瑞典仲裁法案》第44条第1款规定，在指定仲裁员的案件中，如果有可能，那么应给予另一方在申请获得批准之前发表意见的机会。但并不要求被申请人必须提交意见，法院可以径行作出决定。

双方均认为应当按照瑞典法律来理解合同中的仲裁条款。法院经审查认为，本案系申请承认和执行外国仲裁裁决案件，由于本案所涉仲裁裁决系在瑞典斯德哥尔摩进行的临时仲裁，而非机构仲裁。依照2015年《最高人民法院关于适用〈中华人民共和国民事诉讼法〉的解释》第545条之规定，对临时仲裁庭在中华人民共和国领域外作出的仲裁裁决，一方当事人向人民法院申请承认和执行的，人民法院应当依照《民事诉讼法》第283条规定处理。依照《民事诉讼法》第283条规定，国外仲裁机构的裁决，需要中华人民共和国人民法院承认和执行的，应当由当事人直接向被执行人住所地或者其财产所在地的中级人民法院申请，人民法院应当依照中华人民共和国缔结或者参加的国际条约，或者按照互惠原则办理。因本案被执行人常力蜂业公司的住所地在南京市，故法院依法享有管辖权。

依照《最高人民法院关于执行我国加入的〈承认及执行外国仲裁裁决公约〉的通知》第2条的规定，根据我国加入《纽约公约》时所作的商事保留声明，我国仅对按照我国法律属于契约性和非契约性商事法律关系所引起的争议适用《纽约公约》。因本案系由买卖合同而产生的经济上的权利义务纠纷，且中国与瑞典均系《纽约公约》成员，故本案应适用《纽约公约》并依照该公约的规定进行审查。

因斯万斯克公司提交的案涉仲裁裁决书、合同等已办理公证认证手续并提供了中文译本，形式上符合《纽约公约》第4条的规定，故法院依法予以审查。《最高人民法院关于执行我国加入的〈承认及执行外国仲裁裁决公约〉的通知》第4条规定，我国有管辖权的人民法院接到一方当事人的申请后，应对申请承认及执行的仲裁裁决进行审查，如果认为不具有《纽约公约》第5条第1款、第2款所列的情形，应当裁定承认其效力，并且依照《民事诉讼法》规定的程序执行；如果认定具有第5条第2款所列的情形之一的，或者根据被执行人提供的证据证明具有第5条第1款所列的情形之一的，应当裁定驳回申请，拒绝承认及执行。本案中，被申请人常力蜂业公司不予承认和执行的主要理由为：(1)仲裁程序与双方所签订合同约定的仲裁条款不符，仲裁裁决超出了双方当事人的仲裁约定范围；(2)仲裁裁决应适用欧洲法规；(3)仲裁庭无管辖权且程序错误。该仲裁裁决符合《纽约公约》第5条第1款乙项、丙项、丁项的规定，应不予承认和执行。

1. 关于仲裁裁决是否超出双方当事人约定仲裁范围的问题

该项争议系双方对合同约定的争议解决条款的理解问题。

从双方对该条款中文意思的表述看，双方对该条款的理解并无实质差异。双方实质的争议在于，常力蜂业公司认为双方发生争议不应当在瑞典通过临时仲裁庭处理，而应当通过其他仲裁机构快速处理。而斯万斯克公司则认为，其此前已经向瑞典斯德哥尔摩商会仲裁院按照快速仲裁申请了仲裁，该申请已经被斯德哥尔摩商会仲裁院以其无管辖权为由驳回，现其向瑞典临时仲裁庭申请仲裁符合双方的约定。对此，法院认为，双方对在瑞典通过快速仲裁解决争端并无异议，仅对快速仲裁是否可以通过临时仲裁发生争议。快速仲裁相对于普通仲裁而言，更加高效、便捷、经济，其核心在于简化了仲裁程序、缩短了仲裁时间、降低了仲裁费用等，从而使当事人的争议以较为高效和经济的方式得到解决。而临时仲裁庭相对于常设的仲裁机构而言，也具有高效、便捷、经济的特点。具体到本案，因双方已经明示同意争议通过快速仲裁的方式解决，且案涉争议标的数额不大，该快速仲裁并未排除通过临时仲裁的方式解决。此前，斯万斯克公司向瑞典斯德哥尔摩商会仲裁院申请仲裁，该仲裁院以其无管辖权为由驳回了斯万斯克公司的申请。常力蜂业公司在该仲裁中，明确表达其辩称意见："很显然，双方当事人就在瑞典进行快速/加快的仲裁程序达成一致，但不适用 SCC 仲裁规则。""仲裁条款可以指临时仲裁或瑞典西部规则或瑞典南部规则下的快速仲裁规则。"由此可以反映出，常力蜂业公司当时对以临时仲裁处理的方式并不持异议，且在本案中又不能明确、具体指出由哪一家仲裁机构处理，适用何种仲裁规则，在此情形下，案涉仲裁由临时仲裁庭作出裁决，符合双方当事人的合意。故法院认定案涉争议通过临时仲裁庭处理，并未超出双方的约定范围。

2. 关于仲裁裁决适用法律的问题

常力蜂业公司提出仲裁裁决应适用欧洲法规的理由是，合同约定蜂蜜的参数应符合欧洲2001年12月20日颁布的第2001/110/EC欧盟指令，故仲裁裁决应当适用欧洲法规。但从该合同对蜂蜜质量的要求可以看出，合同载明的（2001/112/EC，2001年12月20日）实质系对蜂蜜质量的标准要求，并非解决争议的法律适用标准。且在合同的争议解决条款中已经明确了争议应适用瑞典法律。故临时仲裁庭适用瑞典法律正确。

3. 关于仲裁庭是否有管辖权及程序错误的问题

常力蜂业公司认为仲裁程序错误的主要理由为：其代理律师无权放弃对管辖的异议，其在仲裁庭审前多次提出过管辖异议；指派仲裁员程序违法，其丧失了申请仲裁员回避的权利。对此，法院认为，依据已经查明的事实，即使常力蜂业公司的代理律师无权放弃管辖异议，但在临时仲裁庭审中，常力蜂业公司的法定代表人赵某某并未就仲裁管辖权提出任何异议，故应当认定常力蜂业公司对临时仲裁庭的管辖并不持异议。关于指派仲裁员的问题。无论是斯德哥尔摩地方法院于2016年6月2日、8月4日向常力蜂业公司邮寄的关于指派第二名仲裁员的书面通知，还是首席仲裁员彼得·索普于2016年10月26日向常力蜂业公司法定代表人赵某某发送的邮件均告知了常力蜂业公司有权就仲裁员指派或其他事项提出异议，但常力蜂业公司在此后的邮件中并未针对仲裁员的指派提出异议。故依据《瑞典仲裁法案》第14条第1款的规定，在常力蜂业公司未按时指派仲裁员并未提出异议的情形下，当地法院依据斯万斯克公司的申请指定尼尔斯·埃利亚松作为常力蜂业公司的指派仲裁员，符合规定。且在2018年3月5日、6日仲裁听证中常力蜂业公司的代理律师及法定代表人赵某某均未就仲裁员的组成或程序提出任何异议。故法院对常力蜂业公司关于指派仲裁员或仲裁程序违法的意见，不予采纳。

综上所述，除非常力蜂业公司提出仲裁裁决存在仲裁协议的效力、仲裁员的任命或仲裁程序的通知、裁决事项超裁、仲裁庭的组成及仲裁程序存在瑕疵并提交充分的证据的情况下，以及经我国人民法院主动审查后认为裁决事项不具有可仲裁性或存在违反我国公共秩序的情形的，才应当作出不予承认和执行的裁决。但依据法院的查明及认定的事实，由彼得·索普、斯图雷·拉松和尼尔斯·埃利亚松组成的临时仲裁庭作出的案涉仲裁裁决不具有《纽约公约》第5条第1款乙项、丙项、丁项规定的不予承认和执行的情形，也不违反我国加入该公约时所作出的保留性声明条款，或违反我国公共政策或争议事项不能以仲裁解决的情形，故对该裁决应当予以承认和执行。

要点解析

本案讨论的主要问题是仲裁程序是否符合当事人的约定。本案所涉仲裁协议约定：如争议受瑞典法律管辖，争议应通过瑞典快速仲裁解决（"in case of disputes governed by Swedish law and that disputes should be settled by Expedited Arbitration in Sweden."），仲裁协议适用法律为瑞典法律。本案当事人向瑞典斯德哥尔摩商会仲裁院申请仲裁，该仲裁院以无管辖权为由驳回当事人申请。本案所涉仲裁裁决最终系采用临时仲裁模式作出。

法院认为仲裁协议并未排除采用临时仲裁模式,临时仲裁庭作出仲裁裁决符合当事人的约定。

IHS Global Limited（信息管理服务全球有限公司）诉新疆美克化工股份有限公司申请承认和执行外国仲裁裁决案[1]

2016 年 1 月 20 日,信息管理服务全球有限公司(以下简称信息管理公司)与××集团有限公司签订《专用化学品公司收购识别(商业提案)》,约定由信息管理公司向××集团有限公司提供咨询服务。其中,该合同第 6.7 条约定:“法律选择,本协议依照新加坡法律解释执行。任何一方根据本合同提交的任何争议应当按照当时有效的新加坡国际仲裁中心(‘SIAC’)的仲裁规则在新加坡提交仲裁并最终解决。”第 6.11 条约定:“诉讼时效,除另有约定外,因本协议产生的任何诉讼应自行为发生日起,或者起诉方合理发现该诉讼事由之日起两(2)年内(以较晚者为准),提交至有管辖权的法院。”2016 年 3 月 17 日,信息管理公司、美克公司和××集团有限公司签订了《一号补充协议》,约定将合同一方由××集团有限公司变更为美克公司。

2017 年 10 月 10 日,信息管理公司以美克公司未按照合同约定支付服务费、单方面中止合同、构成违约为由,依据《专用化学品公司收购识别(商业提案)》中的仲裁条款向新加坡国际仲裁

[1] IHS Global Limited(信息管理服务全球有限公司)诉新疆美克化工股份有限公司申请承认和执行外国仲裁裁决案,上海市第一中级人民法院民事裁定书,(2018)沪 01 协外认 23 号。

中心提出仲裁申请。2018年7月3日，仲裁庭作出2018第071号仲裁裁决。美克公司至今仍未能履行仲裁裁决项下的付款义务，故信息管理公司提起本案申请。

法院经审查认为，本案系承认与执行外国仲裁裁决案件，美克公司在美克（上海）精细化工有限公司持有12.72%的股份，美克公司的财产所在地位于上海，故法院依照《民事诉讼法》第283条之规定对本案享有管辖权。根据《纽约公约》第1条的规定，由于自然人或法人间的争执而引起的仲裁裁决，在一个国家的领土内作出，而在另一个国家请求承认和执行时，适用本公约。鉴于涉案仲裁裁决系由新加坡国际仲裁中心在新加坡境内作出，而中国和新加坡均为《纽约公约》成员，故申请人信息管理公司申请承认和执行新加坡国际仲裁中心作出的仲裁裁决符合《纽约公约》的规定，且信息管理公司已经向法院提交了《纽约公约》第4条规定的文件，包括仲裁裁决及双方当事人之间的仲裁协议，对是否承认和执行涉案仲裁裁决应适用《纽约公约》的相关规定进行审查。

本案的争议焦点为：第一，双方之间是否存在有效的仲裁协议；第二，信息管理公司提供的仲裁裁决是否符合《纽约公约》规定的形式要件。

关于第一个争议焦点。被申请人美克公司认为《专用化学品公司收购识别（商业提案）》和《一号补充协议》上没有信息管理公司的法定代表人签字和加盖其公司印章，也没有信息管理公司的授权文件，信息管理公司提供的申请书及公证材料上的地址与案涉合同中记载的公司地址不一致，对信息管理公司是否是合同的主体提出异议。对此,法院认为,信息管理公司向法院提供了经公证认证的关于公司注册信息材料、授权委托书以及法定代表人身份证明,可以证明信息管理公司是合法存续的公司。《专用化学品公司收购识别(商业提案)》和《一号补充协议》中代表信息管理公司签字一方系该公司的授权代表约翰·佩奇(John Page),虽然并未加盖信息管理公司公章,但是该合同中记载的主体即为信息管理公司,信息管理公司对授权代表约翰·佩奇签署合同的行为予以认可并依据此合同提起仲裁,在仲裁过程中美克公司对信息管理公司的合同主体资格也从未提出过异议。合同中记载的信息管理公司的地址与公证认证的公司注册信息记载的地址不尽相同,但公司名称是相同的,表明案涉合同是信息管理公司真实意思的表示。因此,双方之间存在有效的合同关系,合同中的仲裁条款对双方当事人均具有法律约束力。美克公司对信息管理公司的合同主体资格提出的异议缺乏事实和法律依据,法院不予采信。

被申请人美克公司还认为《专用化学品公司收购识别(商业提案)》即便存在仲裁条款,该仲裁条款与该合同第6.11条约定的诉讼条款存在冲突,仲裁条款亦无效。法院注意到,《专用化学品公司收购识别(商业提案)》第6.7条规定:“本协议依照新加坡法律解释执行,任何一方根据本合同提交的任何争议应当按照当时有效的新加坡国际仲裁中心(‘SIAC’)的仲裁规则在新加坡提交仲裁并最终解决。”第6.11条约定:“诉讼时效,除另有约定外,因本协议产生的任何诉讼应自行为发生日起来,或者起诉方合理发现该诉讼事由之日起两(2)年内(以较晚者为准),提交至有管辖权的法院。”法院认为,《纽约公约》第5条第1款规定:“裁决唯有于受裁决援用之一造向声请承认及执行地之主管机关提具证据证明有下列情形之一时,始得依该造之请求,除予承认及执行:(甲)第二条所称协定之当事人依对其适用之法律有某种无行为能力情形者,或该项协定依当事人作为协定准据之法律系属无效,或未指明以何法律为准时,依裁决地所在国法律系属无效者。……”根据《纽约公约》的该条规定,对仲裁协议的效力判定应当首先依据当事人选择的法律,当事人未选择时,适用裁决所在地法律进行判定。根据上述第6.7条之规定,当事人意在选择新加坡法律作为认定仲裁协议效力的准据法。新加坡上诉法院在英西格玛科技有限公司诉阿尔斯通科技有限公司案[Insigma Technology Co Ltd v. Alston Technology Ltd[2009]3SLR(R)]中认定,当事人明确表示有意通过仲裁解决任何争议,即使协议中的某些方面可能含糊不清、不一致、不完整或缺少某些细节,只要仲裁可以在不损害任何一方权利的情况下进行,并且生效,即可实施这种仲裁意愿,这种意愿不会导致仲裁不属于任何一方的考虑和期待。该案的判决认定的基本原则对本案认定仲裁协议效力也具有约束力,由于上述第6.7条系双方之间将争议提交仲裁的仲裁条款,双方之间将争议提交仲裁的意愿是明确的,属于有效的仲裁条款。从合同解释的角度来看,第6.11条并非争议解决条款,双方在该条中意在对诉讼时效期限进行约定,即便该条中出现“有管辖权的法院”的字眼,主要是涉及诉讼时效而非具有排除仲裁管辖的意图。因此,第6.7条仲裁条款的效力并不受第6.11条之影响,两者之间并不存在冲突,双方之间存在有效的仲裁条款。被申请人美克公司认为仲裁条款无效的主张缺乏事实和法律依据,法院亦不予采信。

关于第二个争议焦点。被申请人美克公司认为仲裁裁决书未经公证认证,相应的翻译件也未经过公证认证,不符合承认与执行外国仲裁裁决的形式要件。对此,法院认为,《纽约公约》第4条规定:"一、声请承认及执行之一造,为取得前条所称之承认及执行,应于声请时提具:(甲)原裁决之正本或其正式副本,(乙)第二条所称协定之原本或其正式副本。二、倘前述裁决或协定所用文字非为援引裁决地所在国之正式文字,声请承认及执行裁决之一造应备具各该文件之此项文字译本。译本应由公设或宣誓之翻译员或外交或领事人员认证之。"经审核,申请人信息管理公司向法院提供了经过公证认证的仲裁裁决书的原件,且委托上海市外事翻译工作者协会对仲裁裁决书翻译成中文译本,符合《纽约公约》第4条规定的形式要件,《纽约公约》第4条第2款规定的译本需要认证的情形是指裁决的文字并非依据裁决地的官方文字作出的情形下,本案所涉仲裁裁决是依据新加坡的官方语言之一英文做出,故不符合上述情形。被申请人美克公司的此项抗辩缺乏事实和法律依据,法院亦不予采信。法院裁定承认和执行新加坡国际仲裁中心所作的2018第071号仲裁裁决。

要点解析

本案讨论的主要问题是仲裁协议是否对当事人有约束力,以及仲裁协议是否系或裁或审而无效。

就本案所涉相关合同,代表信息管理公司签字一方系该公司的授权代表约翰·佩奇,虽并未加盖信息管理公司的公章,但是该合同中记载的主体即为信息管理公司,信息管理公司对授权代表约翰·佩奇签署合同的行为予以认可并依据此合同提起仲裁,在仲裁过程中被申请人美克公司对信息管理公司的合同主体资格也从未提出过异议。因此,法院认为各方当事人对合同主体以及合同中仲裁协议主体均达成一致,信息管理公司系仲裁协议当事人,仲裁协议对双方当事人均有约束力。

本案合同第6.7条系争议解决条款,约定:"本协议依照新加坡法律解释执行,任何一方根据本合同提交的任何争议应当按照当时有效的新加坡国际仲裁中心('SIAC')的仲裁规则在新加坡提交仲裁并最终解决。"第6.11条是对诉讼时效进行的约定。法院认为,根据当事人的约定,新加坡法律是仲裁协议的准据法。新加坡法律要求仲裁协议需明确表明当事人通过仲裁解决争议的意愿,本案所涉仲裁条款满足这一要求。另一条款即第6.11条是对诉讼时效的约定,与仲裁条款并不冲突,也不影响仲裁条款的有效性。

丸万株式会社与北京德霖高尔夫体育发展有限公司申请承认和执行外国仲裁裁决案[1]

2009年1月1日,申请人丸万株式会社、MIT与被申请人北京德霖高尔夫体育发展有限公司签订销售代理合同,约定:申请人要求通过MIT出口产品,申请人、MIT指定被申请人作为其独

---

[1] 丸万株式会社与北京德霖高尔夫体育发展有限公司申请承认和执行外国仲裁裁决案,北京市第二中级人民法院民事裁定书,(2013)二中民特字第12593号。

家经销商，负责在中华人民共和国（包括香港特别行政区和澳门特别行政区）销售产品。三方同时对产品价格、支付方式等进行了约定。销售代理合同第20条仲裁条款约定："根据日本商事仲裁协会的商事仲裁规则，任何由本协议引发的或与本协议有关的争议应当最终在日本东京通过仲裁予以解决。"第21条适用法律条款约定："本协议应当按照日本法律进行解释和理解。"申请人向法院提交了上述合同经过公证认证的文件及翻译件，由东京法务局所属公证人及日本国外务省官员进行了公证，并由我国驻日本国大使馆进行了认证。另，被申请人出示的销售代理合同原件与申请人提交的销售代理合同一致。

2013年7月26日，申请人向北京市第二中级人民法院提出申请承认和执行日本商事仲裁协会于2013年4月9日就仲裁案编号东京11－02、东京11－10作出的仲裁裁决。申请人向法院提交了其诉讼主体资格、法定代表人、授权委托以及申请书的公证认证文件和翻译件，同时申请人向法院提交了本案仲裁裁决的公证认证文件和翻译件，由日本商事仲裁协会主席和东京法务局公证处证明本案仲裁裁决的真实性，并由我国驻日本国大使馆进行认证。

法院认为：

一、关于本案管辖权问题

2012年《民事诉讼法》第283条规定："国外仲裁机构的裁决，需要中华人民共和国人民法院承认和执行的，应当由当事人直接向被执行人住所地或者其财产所在地的中级人民法院申请，人民法院应当依照中华人民共和国缔结或者参加的国际条约，或者按照互惠原则办理。”本案中，被申请人的住所地为北京市顺义区，在申请人提出涉案申请时属于法院辖区，因此，法院对本案具有管辖权。

二、关于本案法律适用问题

我国和日本国均为《纽约公约》的缔约国。本案申请人与被申请人之间的纠纷系因履行所签订的销售代理合同而发生的争议，依照我国法律属于契约性商事法律关系所引起的争议，并且本案由仲裁裁决的一方当事人提出申请。因此，根据《最高人民法院关于执行我国加入的〈承认及执行外国仲裁裁决公约〉的通知》中有关我国加入该公约所作的互惠保留声明和商事保留声明，本案适用《纽约公约》。

关于本案仲裁裁决是否存在不予承认和执行之情形，应当根据《纽约公约》第5条的规定进行审查。

三、关于被申请人的答辩意见

1. 承认和执行本案仲裁裁决将违反中国社会公共利益

本案仲裁裁决解决的是双方当事人因履行销售代理合同而发生的商事纠纷，裁决的事项是关于终止销售代理合同以及双方当事人之间权利义务问题的处理，因此，承认和执行该裁决不存在违反我国社会公共利益的问题，且与我国的社会公共秩序不抵触。

2. 仲裁庭组成违反本案仲裁规则

依照《纽约公约》第5条第1款丁项的规定内容，本案仅需审查仲裁庭的组成与本案仲裁规则是否相符。首先，本案仲裁庭由三名仲裁员组成，符合本案仲裁规则关于仲裁庭组成人数的规定。其次，关于仲裁员的披露义务。被申请人认为该仲裁员担任董事的公司与申请人为关联公司且与申请人的仲裁代理人为多年好友，但该仲裁员未披露上述事实，违反了本案仲裁规则第28条规定。同时，被申请人依照《国际律师协会国际仲裁利益冲突指引》(2004年5月22日通过)规定，认为该仲裁员故意隐瞒的情形均属于必须披露的情形。如前所述，关于仲裁员披露问题只需审查是否与本案仲裁规则相符，故《国际律师协会国际仲裁利益冲突指引》(2004年5月22日通过)中有关仲裁员必须披露的规定并不适用本案。本案仲裁规则第28条规定："被选任为仲裁员的人，应及时向协会公开一切有可能导致对自己的公正性或者中立性产生疑问的全部事实，或提交表明无此类事实的文书……仲裁员在仲裁程序进行过程中，应以书面形式向当事人和协会公开有可能导致对自己的公正性或者中立性产生疑问的全部事实(已经公开的除外)。"本案中，申请人选定的仲裁员签署了中立性及独立性声明，表明该仲裁员不存在可能对中立性及独立性产生正当性怀疑的任何情形，符合上述仲裁规则规定。因此，被申请人以仲裁员人数实质不满三名、日本籍仲裁员故意不予披露其与申请人之间的关联关系及与申请人的仲裁代理人之间的关系、仲裁庭不公正不中立为由，认为仲裁庭组成违反了本案仲裁规则，缺乏规则依据，法院不予支持。

3. 仲裁庭剥夺了被申请人陈述意见的权利

《纽约公约》第5条第1款乙项规定的不予承认和执行的情形为"受裁决援用之一造未接获关于指派仲裁员或仲裁程序之适当通知，或因他故，致未能申辩者"。本案中，被申请人参加了本案仲裁程序,且对双方争议的问题进行了辩论并提交了书面意见。因此,本案不存在仲裁庭剥夺被申请人陈述意见的权利之情形。

被申请人依据中国籍仲裁员出具的《不同意见》主张仲裁庭在合议时未对其提出的主张进行评论、仲裁庭在仲裁裁决中未对驳回其主张阐述理由,实质上剥夺了其陈述意见的权利。法院认为,被申请人所主张的理由是仲裁庭对案件实体问题的认定,不属于《纽约公约》第 5 条第 1 款乙项规定的不予承认和执行之情形。

4. 仲裁裁决内容超出申请人的仲裁请求范围

申请人的仲裁请求主要为:(1)被申请人支付拖欠的货款及相应利息;(2)自 2010 年 12 月 28 日起,申请人对于双方签订的销售代理合同产生的任何债务和负债均不承担任何责任。申请人的第 2 项请求是建立在销售代理合同终止的基础上,因此,仲裁庭需对合同是否终止进行认定,仲裁庭裁决销售代理合同已经终止并裁决双方均不再负有合同项下的任何后续义务,未超出仲裁请求范围。

5. 仲裁程序违反本案仲裁规则

首先,本案中仲裁庭是否作出重开审理决定。仲裁庭于 2012 年 8 月 13 日决定本案仲裁程序审理终结,并应在 2012 年 10 月 22 日或之前作出仲裁裁决。仲裁庭于 2012 年 10 月 22 日出具仲裁程序决定通知,告知双方当事人仲裁庭尚未完成对全部相关事宜的认定,并根据本案日本《商事仲裁协会商事仲裁规则》第 12.2 条款之规定,决定延期出具终局裁决。因此,仲裁庭延长了作出仲裁裁决的时间,符合本案日本《商事仲裁协会商事仲裁规则》第12.2条规定:“除第65条规定的期限外(注:第65条规定为简易程序的仲裁裁决作出期限),仲裁庭在其认为必要时可以延长本规则规定的期限(包括仲裁庭规定的期限)。”在此情况下,仲裁庭于2012年10月30日致函双方当事人要求双方就被申请人的主张发表意见。从仲裁庭要求双方当事人继续发表意见的内容来看,即为仲裁庭决定重开审理。

其次,关于重开审理的期限问题。本案日本《商事仲裁协会商事仲裁规则》第49条(审理终结与重新开庭审理)规定:“仲裁庭认为必要的,可以重开审理。原则上不在审理终结之日起3周之后重开审理……”上述规定中的用语为“原则上”,因此,重开审理的期限仅是原则性规定,没有禁止性规定。本案中,仲裁庭决定终结审理后认为有必要又决定重开审理,不违反日本《商事仲裁协会商事仲裁规则》。仲裁庭于2013年4月8日决定审理终结,于2013年4月9日作出裁决,符合仲裁规则规定的在审理终结后8周内作出裁决的期限。

最后,本案仲裁裁决以多数意见作出符合本案日本《商事仲裁协会商事仲裁规则》第7条规定:“在仲裁员为数名的情况下,仲裁庭的意思,包括仲裁裁决在内,按照仲裁员的过半数来决定。关于仲裁庭的意思决定,当仲裁员中持赞成与反对意见的人数相同时,则由仲裁庭首席仲裁员决定。”

被申请人依照《国际律师协会国际仲裁利益冲突指引》(2004年5月22日通过)规定,认为该仲裁员故意隐瞒的情形均属于必须披露的情形。如前所述,关于仲裁员披露问题只需审查是否与日本《商事仲裁协会商事仲裁规则》相符，故《国际律师协会国际仲裁利益冲突指引》(2004 年 5 月 22 日通过)中有关仲裁员必须披露的规定并不适用本案公约第 4 条规定的问题。

法院经审查认定申请人提交的销售代理合同及仲裁裁决均已办理了公证认证手续且提供了翻译件，符合《纽约公约》第 4 条的规定。

综上所述，被申请人请求不予承认仲裁裁决的答辩理由无事实和法律依据，法院不予支持。日本商事仲裁协会于 2013 年 4 月 9 日针对仲裁案编号东京 11－02、东京 11－10 作出的仲裁裁决，不具有《纽约公约》第 5 条规定的可以拒绝承认和执行之情形，故法院对该仲裁裁决的效力予以承认。

要点解析

本案对《纽约公约》不予承认和执行外国仲裁裁决的理由基本都进行了讨论。值得注意的一点是，仲裁员的披露义务在仲裁庭组成和当事人约定——本案中是仲裁规则不符这一理由——下讨论。当事人主张根据《国际律师协会国际仲裁利益冲突指引》规定，仲裁员故意隐瞒的情形均属于必须披露的情形。法院认为，仲裁员披露问题只需审查是否与仲裁规则相符，《国际律师协会国际仲裁利益冲突指引》中有关仲裁员必须披露的规定并不适用本案。

第十章　我国内地与香港特别行政区、澳门特别行政区及海峡两岸仲裁裁决的相互认可和执行

第一节　我国内地与香港特别行政区相互认可和执行仲裁裁决

《最高人民法院关于内地与香港特别行政区相互执行仲裁裁决的安排》《最高人民法院关于内地与香港特别行政区相互执行仲裁裁决的补充安排》《最高人民法院关于香港仲裁裁决在内地执行的有关问题的通知》对我国内地与香港特别行政区相互认可和执行仲裁裁决作出了规定。

《最高人民法院关于内地与香港特别行政区相互执行仲裁裁决的安排》《最高人民法院关于香港仲裁裁决在内地执行的有关问题的通知》对内地仲裁裁决和香港特别行政区仲裁裁决进行了界定。内地仲裁裁决指内地仲裁机构作出的裁决，香港特别行政区仲裁裁决指以香港特别行政区为仲裁地的仲裁裁决，包括香港特别行政区仲裁机构、外国仲裁机构、临时仲裁等作出的仲裁裁决。对仲裁裁决认可和承认的管辖，《最高人民法院

关于内地与香港特别行政区相互执行仲裁裁决的安排》《最高人民法院关于内地与香港特别行政区相互执行仲裁裁决的补充安排》规定，内地仲裁裁决，当事人可向香港特别行政区高等法院申请执行。香港特别行政区仲裁裁决，当事人可向被申请人住所地或者财产所在地中级人民法院申请执行。被申请人在内地和香港特别行政区均有住所地或者可供执行财产的，申请人可以分别向两地法院申请执行。应对方法院要求，两地法院应当相互提供本方执行仲裁裁决的情况。两地法院执行财产的总额，不得超过裁决确定的数额。有关法院在受理执行仲裁裁决申请之前或者之后，可以依申请并按照执行地法律规定采取保全或者强制措施。关于不予认可和执行仲裁裁决的理由，根据《最高人民法院关于内地与香港特别行政区相互执行仲裁裁决的安排》，不予执行内地或香港特别行政区仲裁裁决的理由与《纽约公约》不予承认和执行外国仲裁裁决的理由类似。

第二节　我国内地与澳门特别行政区相互认可和执行仲裁裁决

《最高人民法院关于内地与澳门特别行政区相互认可和执行仲裁裁决安排》对我国内地与澳门特别行政区相互认可和执行仲裁裁决作出了规定，并对内地仲裁裁决和澳门特别行政区仲裁裁决进行了界定。内地仲裁裁决为内地仲裁机构依据《仲裁法》在内地作出的民商事仲裁裁决，澳门特别行政区仲裁裁决为澳门特别行政区仲裁机构及仲裁员按照澳门特别行政区仲裁法规在澳门特别行政区作出的民商事仲裁裁决。对仲裁裁决认可和承认的管辖，根据《最高人民法院关于内地与澳门特别行政区相互认可和执行仲裁裁决安排》，在内地或者澳门特别行政区作出的仲裁裁决，一方当事人不履行，另一方当事人可以向被申请人住所地、经常居住地或财产所在地的有关法院申请认可和执行。内地有权受理认可和执行仲裁裁决申请的法院为中级人民法院。两个或者两个以上中级人民法院均有管辖权，当事人应当选择向其中一个中级人民法院提出申请。澳门特别行政区有权受理认可仲裁裁决申请的法院为中级人民法院，有权执行的法院为初级人民法院。被申请人的住所地、经常居住地或者财产所在地分别在内地和澳门特别行政区，申请人可以向一地法院提出认可和执行申请，也可以分别向两地法院提出申请。当事人分别向两地法院提出申请，两地法院都应当依法进行审查。予以认可的，采取查封、扣押或者冻结被执行人财产等执行措施。仲裁地法院应当先进行执行清偿；另一地法院在收到仲裁地法院关于经执行债权未获清偿情况的证明后，可对申请人未获清偿的部分进行执行清偿。两地法院执行财产的总额，不得超过依据裁决和法律规定所确定的数额。关于认可和执行仲裁裁决与其他程序的衔接，《最高人民法院关于内地与澳门特别行政区相互认可和执行仲裁裁决安排》规定，一方当事人向一地法院申请执行仲裁裁决，另一方当事人向另一地法院申请撤销该仲裁裁决，被执行人申请中止执行且提供充分担保的，执行法院应当中止执行。根据经认可的撤销仲裁裁决的判决、裁定，执行法院应当终结执行程序；撤销仲裁裁决申请被驳回，执行法院应当恢复执行。法院在受理认可和执行仲裁裁决申请之前或者之后，可以依当事人的申请，按照法院地法律规定，对被申请人的财产采取保全措施。关于不予认可和执行仲裁裁决的理由，根据《最高人民法院关于内地与澳门特别行政区相互认可和执行仲裁裁决安排》，不予执行内地或澳门特别行政区仲裁裁决的理由与《纽约公约》不予承认和执行外国仲裁裁决的理由类似。

第三节　海峡两岸相互认可和执行仲裁裁决

《海峡两岸共同打击犯罪及司法互助协议》规定，相互认可及执行民事裁判与仲裁裁决（仲裁判断）。《最高人民法院关于认可和执行台湾地区仲裁裁决的规定》对认可和执行我国台湾地区仲裁裁决进行了规定。

《最高人民法院关于认可和执行台湾地区仲裁裁决的规定》界定了台湾地区仲裁裁决，台湾地区仲裁裁决是有关常设仲裁机构及临时仲裁庭在台湾地区按照台湾地区仲裁规定就有关民商事争议作出的仲裁裁决，包括仲裁判断、仲裁和解以及仲裁调解。关于认可和执行台湾地区仲裁裁决的管辖，根据《最高人民法院关于认可和执行台湾地区仲裁裁决的规定》，由申请人住所地、经常居住地或者被申请人住所地、经常居住地、财产所在地中级人民法院或者专门人民法院受理，申请人向两个以上有管辖权的人民法院申请认可，由最先立案的人民法院管辖。法院受理认可台湾地区仲裁裁决的申请之前或者之后，可按照《民事诉讼法》及相关司法解释的规定，根据申请人的申请，裁定采取保全措施。法院决定予以认可的，应当在立案之日起两个月内作出裁定；决定不予认可或者驳回申请的，应当在作出决定前按有关规定自立案之日起两个月内上报最高人民法院。关于认可和执行仲裁裁决与其他程序的衔接，根据《最高人民法院关于认可和执行台湾地区仲裁裁决的规定》，一方当事人向法院申请认可或者执行台湾地区仲裁裁决，另一方当事人向台湾地区法院起诉撤销该仲裁裁决，被申请人申请中止认可或者执行并且提供充分担保,法院应当中止认可或者执行程序。台湾地区法院撤销该仲裁裁决,法院应当裁定不予认可或者裁定终结执行;台湾地区法院驳回撤销仲裁裁决请求,法院应当恢复认可或者执行程序。对法院裁定不予认可的台湾地区仲裁裁决,申请人再次提出申请,法院不予受理。但当事人可以根据双方重新达成的仲裁协议申请仲裁,也可以就同一争议向法院起诉。《最高人民法院关于认可和执行台湾地区仲裁裁决的规定》中关于不予认可和执行台湾地区仲裁裁决的理由与《纽约公约》不予承认和执行外国仲裁裁决的理由类似。

案例

盖特汽车自由贸易区公司、河北中兴汽车制造有限公司申请认可和执行香港特别行政区仲裁裁决案[1]

申请人盖特汽车自由贸易区公司(Automotive Gate FZCO,以下简称盖特公司)与被申请人河北中兴汽车制造有限公司(以下简称中兴汽车)申请认可和执行香港特别行政区仲裁裁决一案,法院于2015年12月21日立案审查,于2017年3月20日作出(2015)鄂宜昌中民认字第00003号裁定,中止诉讼。2018年7月6日河北省石家庄市中级人民法院作出(2011)石民立裁字第00002号裁定后,本案恢复审查。

法院经审查认为,涉案的国际商会仲裁院18228/CYK号终

[1] 盖特汽车自由贸易区公司、河北中兴汽车制造有限公司申请认可和执行香港特别行政区仲裁裁决案,湖北省宜昌市中级人民法院民事裁定书,(2015)鄂宜昌中民认字第00003号之一。

局裁决系由国际商会仲裁院指定的独任仲裁员在我国香港特别行政区作出的仲裁裁决。关于香港特别行政区仲裁裁决在内地执行审查问题，根据《最高人民法院关于香港仲裁裁决在内地执行的有关问题的通知》(法〔2009〕415号)，人民法院应当依照《最高人民法院关于内地与香港特别行政区相互执行仲裁裁决的安排》的规定进行审查。本案立案时，被申请人中兴汽车持有广汽中兴(宜昌)汽车有限公司60%的股权，因此宜昌市为被申请人的财产所在地。故法院对于申请人盖特公司提出的申请具有管辖权。

2011年5月13日，中兴汽车向河北省石家庄市中级人民法院提出申请，要求确认《CKD和代理协议》和《技术合作协议》中的仲裁条款无效，河北省石家庄市中级人民法院于2011年5月16日受理该案。2011年10月11日申请人向国际商会仲裁院提起18228/CYK号仲裁。因此，河北省石家庄市中级人民法院(2011)石民立裁字第00002号案的受案时间早于国际商会仲裁院18228/CYK号案，且2011年中兴汽车在应诉国际商会仲裁院18228/CYK号案之初即对国际商会仲裁院提出管辖异议，并请求仲裁程序暂停或终止，以等待河北省石家庄市中级人民法院对仲裁条款的有效性作出裁定。国际商会仲裁院亦知晓河北省石家庄市中级人民法院(2011)石民立裁字第00002号案，但国际商会仲裁院于2013年2月19日作出18228/CYK号部分裁决后，进一步于2015年9月2日作出了终局裁决。法院认为，上述终局裁决是仲裁员在认定《CKD和代理协议》和《技术合作协议》中的仲裁条款均为有效的前提下作出的，现河北省石家庄市中级人民法院2018年7月6日作出的(2011)石民立裁字第00002号裁定已经认定《CKD和代理协议》和《技术合作协议》中的仲裁条款均为无效协议。河北省石家庄市中级人民法院(2011)石民立裁字第00002号裁定已经发生法律效力,在人民法院已对当事人之间仲裁协议的效力作出否定性评判的前提下,认可和执行基于上述仲裁协议作出的仲裁裁决,将与人民法院的上述生效裁定相冲突,违反内地的社会公共利益。《最高人民法院关于内地与香港特别行政区相互执行仲裁裁决的安排》第7条第3款规定:"……内地法院认定在内地执行该仲裁裁决违反内地社会公共利益,或者香港特别行政区法院决定在香港特别行政区执行该仲裁裁决违反香港特别行政区的公共政策,则可不予执行该裁决",故此,法院认为国际商会仲裁院18228/CYK号终局裁决应当不予认可和执行。

要点解析

本案讨论的主要问题是认可和执行仲裁裁决是否违反内地社会的公共利益。法院认为本案所涉仲裁裁决是基于已被法院认定为无效的仲裁协议作出的。在人民法院已对当事人之间仲裁协议的效力作出否定性评判的前提下,认可和执行基于前述仲裁协议作出的仲裁裁决,将与人民法院的上述生效裁定相冲突,违反内地的社会公共利益。在不予认可和执行仲裁裁决的理由中,违反社会公共利益弹性较大,法院严格把控,不会轻易以违反社会公共利益为由不予认可和执行仲裁裁决。目前以违反社会公共利益为由不予认可和执行仲裁裁决,仅限于本案的类似情形,即法院已裁定仲裁协议无效,仲裁裁决基于该已被法院认定为无效的仲裁协议作出,认可和执行基于前述仲裁协议作出的仲裁裁决,将与人民法院的前述生效裁定相冲突。

课程学习参考资料

著作：

1. Gary Born, *International Commercial Arbitration* (*Second Edition*), Kluwer Law International, 2021.

2. ICCA International Handbook on Commercial Arbitration, Paulsson and Bosman (eds), 2020, (last updated February 2022).

3. Handbook of Evidence in International Commercial Arbitration: Key Concepts and Issues, Ferrari and Rosenfeld (eds), 2022.

4. IBA Rules of Evidence: Commentary on the IBA Rules on the Taking of Evidence in International Arbitration (Second Edition), Zuberbühler, Hofmann, Oetiker, et al., 2022.

5. Yearbook Commercial Arbitration 2022 – Volume XLVII, Schill (ed.), 2022.

期刊：

1. Journal of International Arbitration, Scherer

2. American Review of International Arbitration

数据库：

1. 威科国际商事仲裁在线 Kluwer Arbitration

2. Westlaw Next 法律在线服务平台

3. Lexis ®全球法律信息数据库

网站：

1. 威科仲裁博客 Kluwer Arbitration Blog，http://arbitrationblog.kluwerarbitration.com/。

2. 联合国国际贸易法委员会，https://uncitral.un.org/。